职业复盘

如何拥有喜欢又有价值的工作

安晓辉 邓程天◎著

人民邮电出版社
北京

图书在版编目（CIP）数据

职业复盘 ： 如何拥有喜欢又有价值的工作 / 安晓辉，邓程天著. -- 北京 ： 人民邮电出版社，2022.3
ISBN 978-7-115-58307-9

Ⅰ. ①职… Ⅱ. ①安… ②邓… Ⅲ. ①职业选择 Ⅳ. ①C913.2

中国版本图书馆CIP数据核字(2021)第262166号

内容提要

这是一本逻辑清晰、方法实用的工具书，让读者通过“回顾、分析、调整”的职业复盘三大环节，找到适合又可行的职业目标。

回顾环节，本书将引导你从那些自己做过、做对、做成的事中挖掘闪光点，为理想工作画像；分析环节，本书将运用职业罗盘帮助你透视事实、刷新认知，继而判断职业转变需要，明确发展战略；调整环节，本书还将通过若干步骤帮助你落地行动、实现目标。

总之，你喜欢、擅长、觉得有意义又有价值的工作，是可以通过职业复盘找到的！

◆ 著　　　安晓辉　邓程天
责任编辑　恭竟平
责任印制　彭志环
◆ 人民邮电出版社出版发行　　北京市丰台区成寿寺路 11 号
邮编　100164　　电子邮件　315@ptpress.com.cn
网址　https://www.ptpress.com.cn
三河市中晟雅豪印务有限公司印刷
◆ 开本：880×1230　1/32
印张：9　　2022 年 3 月第 1 版
字数：210 千字　　2022 年 3 月河北第 1 次印刷

定价：59.80 元

读者服务热线：(010)81055296　印装质量热线：(010)81055316
反盗版热线：(010)81055315
广告经营许可证：京东市监广登字 20170147 号

自序一

你的迷茫，都能通过职业复盘找到解决方案

这本书的使命是通过分享职业复盘这个实用的职业规划与调试方法，助力你塑造理想工作。

为了达成这个使命，我们将本书定位为“致用类工具书”。围绕这个定位，本书先是通过案例介绍了什么是职业复盘，然后给出了职业复盘的核心模型——职业罗盘；接着详细讲解了基于职业罗盘进行职业复盘的三大环节——回顾、分析、调整，并用两个完整案例贯穿整个讲解过程，演示相关流程、方法和工具的具体用法，帮助你更好地理解职业复盘及其操作方法；最后，本书还给出了 4 个可以帮助你做好职业复盘的锦囊。

整体而言，这是一本逻辑清晰、方法实用的工具书，可以快速为你所用。

如果你符合下面这些情况，那么你可以从本书中获益。

- 想要升职加薪，却不知发力点在哪里。
- 想要提升自己，却没有方向。
- 想打造核心竞争力，既不知道从哪里开始，也不知道怎么做。
- 厌倦了没有重点的工作，想聚焦却不知怎么做。

- 尚未确认想要长期发展的职业方向，想要进行探索却没有方法。
- 主业遇到瓶颈，想要寻求突破或探索新的可能性。
- 不想从事当前的工作，但不知道应该跳槽、转型还是转行。
- 想要进行职业转型，但不知如何明确方向，也不知如何实践。
- 工作日日忙碌却无显著成果。
- 经常感到忙碌工作的结果和自己想要的东西存在明显偏差。
- 主业之外还有副业，主业、副业常常难以兼顾。

安晓辉

自序二

职业复盘
让我们事半功倍

每年，我有 60% 的咨询客户都会谈到职业发展的问题，无论他们年龄大小、职位高低、行业前景如何，都向往着自己职业发展能够顺风顺水，层层高进。但当他们面对选择时又常常因担忧出错而止步不前。产生这种状态的原因很多，张三可能缺少事业的运营资金、李四可能资源累积不到位、王五可能能力不足、赵六可能缺乏动力……每个人的具体问题不一样，但都在职业发展之路上被卡住了。该怎么办呢？

有人说“我们要的答案就在问题中”，相对于上述的问题，答案应该就在我们以前的职业经历中，那如何找到它呢？

答案是——做“职业复盘”。

不同的人可能会用不同的方法来做职业复盘。

有人可能是这样做：

我今年工作整体不错，收入稳定，同事和睦……

我今年非常努力，通过了职称考试，但是收入还是没有变化……

我今年获得了晋升，主管一个部门，但部门同事好像不太服气，我非常用心地对待他们了，但是效果不佳……

有人可能是这样做：

我今年的工作：

收入方面：今年收入了 25 万元，相比去年增加了 5 万元，涨薪的主要原因在于我升职了，明年期望能实现 30 万元的收入。

专业能力方面：通过了 PMP 资格认证（项目管理专业人士资格认证），成为部门中熟悉公司业务流程的资深员工之一。

人际关系方面：加入了本地的职业经理人俱乐部，与王总、李总和赵总三位资深的经理人结识。与他们的交往对我帮助很大，我期待明年能缩短与他们的差距。

……

也有人像我们这样做：

在个人价值层面，我感觉今年自己在公司的存在价值不足，主要表现为收入没有什么变化。具体原因分析主要是我工作的收入来源过于单一，除了绩效工资外，我始终不太在意公司的销售提成，没有尝试行动起来看看。另外自己过于偷懒，连必要的出差也总是想办法推掉，因此没获得多少差旅津贴，明年自己要在这些方面做出相应的改善。

在工作动力层面，我感觉今年自己濒临动力枯竭。主要是受限太多，能够独立决策的权限太少了，无法为下属构建必要的发展资源，也没什么办法跟现在的分管领导达成一致。我需要跟公司大老板进行一次直接沟通，确认在当前部门能不能得到更多支持。如果不行的话，再看看自己能否申请转岗到其他部门，倘若最后发现，都无法得到自己理想的发展条件，我就去外部寻找更好的发展机会。

对比上面三种不同的职业复盘做法，可以发现，它们的效果显然是大不相同的，由此可见做“职业复盘”是需要有系统方法的。

本书通过系统研究职业发展与生涯管理领域的理论知识，结合大量的实践操作反馈，总结出了一套系统的“职业复盘”方法。它的主旨是帮助大家更为结构化、模块化、聚焦化、个性化地建立自己的“职业复盘”系统，从而便于对自己的职业发展进行阶段性总结与分析，找到问题，及时调整。

“职业罗盘”和“职业复盘流程”是本书的核心内容，掌握其核心要义是建立自己“职业复盘”系统的关键。我们提供了很多理性化的表格工具，如果它们和你的行为风格不匹配，你想要根据本书的核心理念，设计适合自己的呈现方式也完全没有问题，但我还是建议你不妨先用表格工具实践一遍，这将非常有助于你更深入地理解“职业复盘”。

一套适用于自己的“职业复盘”系统，需要反复地实践、打磨才能建立。希望我们可以借助本书建立连接，一起探讨职业复盘的力量，针对职业发展的诸多难点痛点，做出更合理有效的应对策略，事半功倍，共同精进。

邓程天

前 言

通过持续的职业复盘，我找到了一生热衷的事业

2017 年 7 月 5 日，我开启了自由职业的道路，自行设计了自己的理想工作——以生涯理论为内核，通过写作、咨询和课程帮助别人过上他们想要的生活。

为了支持我的核心业务——职业规划咨询，我有计划地学习生涯理论，阅读职场主题的图书，查阅名人的履历、传记，收集典型的职业规划案例。我看到，的确有不少人是先明确了一个理想职业目标，然后规划出实现路径，一步一步抵达的。但我回顾自己找到理想职业的历程，发现了一个相反的事实——**我的理想工作不是规划出来的，而是通过一次又一次的职业复盘，慢慢迭代出来的。**

第一次职业复盘：转型软件开发，踩对风口

2002 年，我从西安交通大学信息工程专业毕业。顺着专业做选择，我加入了西安大唐电信有限公司，担任售后技术支持工程师。

那时，我没有想到，自己两年后会离开这家领域内领先的公司，加入一家小小的私营企业，成为一名软件开发工程师。

发生这样意料之外的转折，是因为我回顾了过去两年的工作经历，分析出自己更愿意做有技术挑战的事情，更愿意做能够不断突破自己、给自己带来成就感的事情。

2005 年，我开始做软件开发工作，度过最初的艰难学习和适应阶段，我很快发现，**开发软件就像写小说一样充满新奇、意外和乐趣，我爱上了这种充满挑战性和创造性的工作**。同时，我还发现，软件开发正处于信息时代的风口之上，无论在个人成长还是经济回报上，都大有前景。

那个时候，无论是谁告诉我，“八年后，你将秉烛夜行四处探索，你准备放弃软件开发，寻找一种新的职业”我也不会相信。

第二次职业复盘：开启副业，探索新的可能性

时间到了 2013 年，我管理着一个研发部门和 10 多个并行的项目，职业发展上了一个台阶，内心却没有安稳满足的感觉，甚至渐渐失去了最开始做软件开发时的乐趣和成就感。

我开始怀疑，这就是我想要的工作吗？这就是我最理想的职业身份吗？

答案是否定的。

我不甘于只是一名“软件开发工程师”或“软件研发经理”。**我还想像路遥用《平凡的世界》这本书照亮我的大学一样，也做点什么，在某个时刻为某些人照亮某个角落**。于是，我开始探索新的职业方向。

这个时候，按照职业规划的典型做法，我应该梳理清楚自己

的兴趣在哪里、想做什么、能做什么、价值观为何、性格怎样、有什么知识和技能、积累了哪些经验、人际关系如何、身边有什么机会、行业有哪些机会……综合分析后，找到一个最适合我的职业，然后研究这个职业的信息，结合现实情况规划一条转入这个职业的路径并付诸行动，实现职业转型。

但真实情况是，我没有这样做，而是采取了另外的方法。

我回顾了过去 8 年的软件开发经历，找到了 3 件意味深长的事情。

第一件事发生在 2005 年我初学软件开发时，那时我不会用 MFC 开发 Windows 桌面应用程序，就购买了侯俊杰老师的《深入浅出 MFC》来学习。侯俊杰老师在书中用“母子之间的脐带”“火锅拼盘”等读者熟知的事物来类比说明“父子进程关系”“应用开发框架”等软件技术中的概念，形象、传神且易于理解，令我大为叹服。当时，我心中蓦然生出一个想法——或许我可以写技术图书，而不是写小说。

第二件事发生在 2008 年，一位两年多未联系的前同事忽然在 QQ 上给我发消息，描述了他想实现的一个软件功能，问我该调用哪个 Win32 API。而他之所以放弃网络搜索直接询问我，是因为我 2005 年和他在一个团队时，熟记了几百个 Win32 API，被同事戏称为“活字典”。我很享受被别人当作“活字典”来用，当我迅速找到某个知识点，讲解给别人，看到别人拿去解决了问题时，我会特别有成就感。

第三件事发生在 2010 年，公司发布了一个培训计划，征集内部讲师，为公司员工提供专项技能培训。我自主设计了一门课程——“Qt 嵌入式开发讲义”，帮助想要了解 Qt 嵌入式开发的同事快速建立基础概念，掌握基本工具体系。那是我第一次完整地讲述一门课程，体验到了前所未有的意义感和成就感。年底，公司还颁发给我一张优秀讲师的奖状。

深入分析这几件事后，一个结论浮出水面——**我喜欢通过写作、咨询、开发课程等方式传递知识并帮助别人。**

我反复回味这种感觉进一步分析之后，我觉得自己不管将来从事哪一种具体的工作或职业，目标都应该是“通过写作、咨询、开发课程等方式帮助别人”。

尽管这个目标不是类似“培训师”“人力资源经理”“医生”这样具体的职业目标，没办法让我立刻找到一条通往它的路径，但它概括了我所向往的工作的本质，给了我方向上的指引。

后来我盘点当时能做的符合这个**概念性目标**的尝试，发现写技术博客是我可以迅速启动的尝试。于是在 2013 年，我开始写作技术博客，分享自己在 Qt 方面积累的知识和经验。我的文章很受欢迎，有不少读者留言说我的文章解决了他们的问题，这让我感到自己的付出非常有意义，进而动力满满，持续向前。

没有想到的是，写技术博客这件事，拉开了我历时 4 年的转型探索大幕。

第三次职业复盘：将写作技术图书和经营网课定性为爱好式副业

2013 年年底，电子工业出版社的编辑高洪霞老师经由博客找到我，想让我写作技术图书。2013 年 12 月—2014 年 9 月，我全身心投入图书写作，收获了无数心流体验，写出《Qt on Android 核心编程》和《Qt Quick 核心编程》两本书。我一度以为，写作技术图书可能是我的理想工作。

然而，拿到首印及再印版税进行职业复盘时我才发现，写作技术图书这件事，经济回报偏低（投入 10 个月，税前收入不足 6 万元），并且难以改善——我不可能 3 个月就写出一本书来，因为没有那么多的素材和积累。我意识到，**写书作为一个爱好式副业更加合适。**

图书出版后，我围绕这两本技术图书做了 3 门收费的视频课程，放在 CSDN 学院和 51CTO 学院销售。课程上线一年，收入不足 4 万元。

复盘这条副业线，我发现尽管自己在 Qt 技术上有专业积累、竞争优势和圈内影响力，但经营 Qt 视频课程与写作技术图书均有以下困境：

- 很难保证每个作品都有很高的销量；
- 很难快速、持续地生产高质量的作品。

这导致我想要提升经济回报的愿望难以实现。于是“经营网课”这个符合概念性目标（通过写作、咨询、开发课程等方式帮助别人）的工作，也不大可能切换为主业。

得出这个结论时，距离我开始写技术博客已过去了将近一年半，而我也已离开了原来的公司，以技术合伙人的身份和朋友一起在互联网领域创业。我们利用移动互联网销售产品，赚取佣金。这种创业方式的商业模式清晰，确定性很高。

第四次职业复盘：围绕职业生涯，定义我的理想工作

合伙创业时，有两个月，我几乎每天中午都找人吃饭聊天，邀请他们加入我的团队。这期间，我接触了不少超过 30 岁的技术

人员，他们既担心眼下的职业干不长久，又怀疑自己无法胜任其他职业，言语中时不时流露出对未来的迷茫与焦虑。

一些相熟的伙伴知道我做过软件开发、当过架构师、做过管理者、写过技术图书，也讲过课，又在创业，经历丰富，就带着问题来找我讨论。我耐心地和他们一起分析，告诉这位伙伴转型 IT 项目经理会更好，告诉那位伙伴去国企会更适合。

那个时候我突然意识到，帮别人找到新的职业方向，帮他们走上自己想走的道路，也很契合我之前的目标——通过写作、咨询、开发课程等方式帮助别人。之后我又想，也许这也可以发展成一种专门的职业。

我在网上一搜索，果真有一种职业叫“职业规划师”，其以接受咨询的方式，帮助客户选择合适的职业。

系统学习职业规划理论后，我又进行了一次职业复盘，这次我发现，自己之前所做的探索（写博客、写书、开发课程、讲课、基于经验的咨询等）居然串联起来，形成了我的新目标——**通过写作、咨询和开发课程帮助别人找到合适的工作，使他们过上想要的生活。**

这个目标依然不能指向特定的工作或职业，仍是阐明理想工作特点的概念性目标，但工作内容更为具体，锁定在了职业生涯规划领域，这已经足够了。只要在之前尝试过的写作、咨询、开发课程等工作（类似酒瓶）中装入新的工作内容 “职业发展”（类似酒），我就可以定制出专属的“工作”，而我要做的就是对其进行逐一验证。

2015 年 5 月，我开通了公众号“安晓辉生涯”，专门分享职场与个人成长方面的文章。

2015 年下半年，我入驻了一对一付费咨询的知识技能共享平台“在行”，开始面向公众提供一对一的职业咨询服务。

2016 年 5 月，我注册“分答”，成为职场类答主，用一分钟语音为他人答疑解惑。

2017 年年初，我开始在知乎上回答职业规划相关的问题，开设语音小课分享个人成长话题。很快，我又开始使用知乎付费咨询，帮助别人解答个性化的职业发展问题。

在这一时期，我的写作方向也转向了职场和个人成长，先后出版了《你好哇，程序员》《解忧程序员》等图书。

我用两年多的时间做了林林总总的验证后，再次进行职业复盘，发现尽管写文章、写书、咨询中的每一项都无法为我带来多少收入，但组合起来，可以保障我的基本生活。同时我还觉察到，写文章、写书、咨询等都是我感兴趣并且有成就感、有意义感的事情，同时还能满足我对自主的追求。另外，我也喜欢从零到一开发课程的过程，它让我获得心流体验、有成就感。综合来看，这么一个奇特的组合体就是我理想的工作了。

但这样一份工作其实很难在市场上找到——很少有公司可以提供包含这么多工作内容的职位。于是，我走向了自由职业，把所有我想做的事情打包成一份专属的工作。

现在距离 2017 年 7 月已经过去 4 年多了，我依然认为自己所从事的就是理想的工作。

通过职业复盘实现职业规划，创造理想工作

以上就是我找到理想工作的历程。我意识到，这样的理想工

作并非是一次精准的职业规划的产物，而是一次又一次的职业复盘帮助我不断调整、持续迭代出来的。

有了这种意识后，我开始留心身边的朋友、咨询的客户，以及各种媒体上的职场人物报道。我把工作幸福感较高的人的工作履历挖掘出来，发现多数人的理想职业都不是一开始工作时就规划好的，而是基于对过往及当下工作的反思，不断调整航向，一步一步实践出来的。

这愈发让我相信，**借助职业复盘复而前行，寻找自己的理想工作是切实可行的。**

因此，我把这种方法分享给你，希望它可以成为你调校职业轨道的利器。

安晓辉

目录 CONTENTS

第1章

CHAPTER1

职业复盘概论

—— 迭代工作和自我，创造理想的职业生涯

第2章

CHAPTER2

回顾

—— 有意义的过去里，隐藏有未来的答案

第5章

锦囊
——为你的职业复盘保驾护航

结语

附录

第1章

CHAPTER1

职业复盘概论
——迭代工作和自我，创造理想的职业生涯

职业复盘，指运用结构化的方法，对过去一段时期的工作经历进行回顾，分析亮点、发现不足，找到新的方向、方法和策略，让人为接下来一段时期的职业发展做好准备。职业复盘本质上是一种职业规划方法，其特点是“温故知新”，即通过温习已经发生的事实，促进觉察以刷新认知，明确下一阶段的努力方向。

持续进行职业复盘，能够打造理想职业。

1.1
什么是职业复盘？

要说清楚什么是职业复盘，我们先要理解“复盘”这个词。

复盘，原本是一个围棋术语，指对局完毕后，复演该盘棋的记录，检查对局中招法的优劣与得失。

这个定义距离我们的工作和生活比较远，我更喜欢陈中在《复盘：对过去的事情做思维演练》一书中给复盘下的定义——“所谓复盘，就是在头脑中将过去所做的事情重新‘过’一遍。它通过对过去的思维和行为进行回顾、反思和探究，实现能力的提升。”

我举以下两个例子，方便大家理解。

晓静晚上辅导小学四年级的女儿写作业时，和女儿大吵了一架，女儿哭了半个小时，赌气说再也不理妈妈了。晓静用尽办法和女儿和解。把女儿哄睡后，她在睡觉前回想晚上到底发生了什么，为什么会和女儿吵起来，琢磨着明天晚上辅导作业时该怎么避免吵架。

晓静睡觉前的回想和反思就属于“复盘”。

曾经有一位客户 M 找我咨询，说他面试了一家心仪的公司，对岗位和薪水都很满意，可没想到入职后只工作了一个星期，他就发现这个岗位必须得收集各种数据、制作各种表格，工作非常枯燥乏味，根本不是自己想要的，他想知道接下来该怎么办。

M 发现了新工作中存在的问题，进行了自我觉察，然后找我一起探索应对策略，他所做的这些事情也属于“复盘”。

理解了复盘，我们再来看什么是“职业复盘”。

在“职业复盘”一词中，“职业”是“复盘”的定语，它把复盘的范围限定在了职业方面。

从这个角度看，我们前面提到的晓静，她针对辅导作业时和女儿吵架所做的复盘并不是职业复盘；而我的客户 M，他对新工作中所遭遇状况的觉察、反思和探究，就属于职业复盘。

简要地说，职业复盘是针对职业的复盘。

我的一个客户小柯，大学专业是计算机科学与技术，毕业后从专业对口的角度出发，进入了一家互联网公司做软件开发工作。小柯工作认真努力，3 个月后顺利转正，一年半后升职加薪，可他总觉得自己的工作缺点什么。于是，他在收到晋升通知的第二天，抽空对之前做过的项目、取得的成绩、工作中的感受、与同事的关系等进行了梳理和分析，结果发现，原来自己并不喜欢编写代码实现软件功能，而是更喜欢研究怎么组合各种软件来解决特定的业务问题，于是他就开始在公司内寻找更符合自己兴趣的岗位。

小柯在收到晋升通知后，回顾了过去一年半的工作经历，有了新的觉察，他所做的事情就属于职业复盘。

我的另一个客户袁小姐，她曾在一家民企做培训专员。2019年4月，袁小姐的主管跳槽，她被提拔为部门主管。为了做好工作，袁小姐早来晚走，比以前更认真、更努力，可2019年年终绩效考评时，她的考评结果却从原来的A下降为B。她一方面觉得委屈，另一方面又不理解，于是在2020年春节期间分析了2019年升职后的工作表现，结果发现自己出色地完成了培训相关的各种事情，但部门的其他工作效果明显不如从前。尤其是招聘工作，虽然有两个招聘专员，但在3个关键岗位一个合适的人都没招到。袁小姐由此意识到，自己还停留在过去的执行角色里，没有完成从自我管理到管理他人的转变。于是她就把提升管理能力当作新一年的重要目标，制订了3种策略并将它们安排进了工作计划。

袁小姐在2020年春节期间所做的事情，也属于职业复盘。

通过前面两个例子，我们可以对职业复盘有一个感性的认识。同时，我们也要给职业复盘下一个简要的定义。具体地讲，**职业复盘，指运用结构化的方法，对过去一段时期的工作经历进行回顾，分析亮点、发现不足，找到新的方向、方法和策略，让人为接下来一段时期的职业发展做好准备。**

职业复盘的定义中有3个关键点，需要稍稍展开解释。

（1）自己的工作经历

职业复盘是对自己的工作经历进行分析，这些经历可以是一个项目中取得的成果，可以是公司授予的荣誉称号，可以是参加培训取得的资格证书，可以是某次失败的商务谈判……总之，可以是很多很多东西，但都必须是客观事实（包括事件、信息、数据、话语等），而非想象、猜测、主观评价等。

（2）未来怎么办

回顾过去的经历并不是职业复盘的目的，职业复盘的关注点在“我接下来应该做些什么”上，目的是基于过去的经历探索新的方法和策略，指导未来的职业发展。

（3）结构化的方法

职业复盘的目的是指导未来的职业发展，要求我们制订新的发展策略和行动计划，不能随随便便按自己的喜好总结了事，那样容易挂一漏万。职业复盘必须遵从特定的框架、步骤与逻辑，按照结构化的方法进行，这样才能确保真正促进自己未来的职业发展。

理解了这 3 个关键点，你会发现，**职业复盘的核心是“复盘过去，规划未来”，其实质是一种迭代式的职业规划方法。**

相较于传统的职业规划方法，职业复盘具备以下优点。

- 与自身的经历和体验关联更为紧密，务实性高。
- 关注过去、现在和未来，反馈周期短，时效性强，灵活性高。
- 输出具体目标和行动计划，落地性好。

这也是我采用职业复盘来规划自己职业发展的内在原因。

1.2 职业复盘有哪些好处？

职业复盘对一个人的职业发展而言具有至关重要的作用。

2000 年，松晓从首钢技术学校毕业，进入首钢做工人。短暂的新奇感过后，她跟着班组的师傅们开始了日复一日的重复劳动。

松晓有一段时间给国贸做配电柜，所做的事情就是重复将元器件安装到柜体上，然后将各个元器件按照图纸用电线连接上。她不喜欢这样的劳作，觉得枯燥、无聊，缺乏成就感。

每天午休时，松晓耳边萦绕着隔壁班组的吵闹声，她意识到，自己要是一直做这样的重复性工作，未来大概既没有专业优势，也没有职场竞争力，只能被困在不喜欢的工作环境里，天天做这些重复的事情。

松晓不想这样，她觉得自己早晚要放弃这个工作，去干点别的事情。

虽然还没有明确的新目标，但松晓知道自己需要学习提升，于是她跟着所在班组几位备考高级职称的师傅一起学习、一起考级。

2003 年，备考高级职称的师傅们陆陆续续离开工厂。在最后一位师傅离开后，松晓发现身边没有一起看书学习的伙伴了，于是也下定决心离开了工厂，去寻找新的出路。

那时北京正在快速发展，各式各样的建设项目如雨后春笋般冒出来，每个项目都需要计算工程量、造价组价、编制预算、审核合同等，负责这些事情的预算员开始供不应求。

2003 年 10 月，松晓报考了预算员考试。经过一段时间的艰苦学习，她顺利通过考试，拿到了证书。

2004 年 3 月，松晓入职一家消防领域的公司，开始从事施工单位工程预算工作。在实际的项目实践中，她很快完成了转型，成为一名合格的预算员。

2007 年 6 月，松晓加入了一家工程咨询公司，从事工程审计工作，职业发展又上了一个台阶。

松晓借助职业复盘，意识到正在从事的工作不是自己想要的职业身份，于是开始学习、探索新的职业方向，最终成功从首钢工人转行成为工程审计人员。

职业复盘可以在我们日复一日的工作中按下一个暂停键，为我们创造探索自我和探寻职业目标的契机。

职业复盘可以帮助我们客观全面地审视过去的职业经历，从中汲取经验和教训，指导我们制定并实施更适合所在环境的职业发展战略，使自己得到更多更好的机会，从而取得职业上的成功。

畅销书《运营之光：我的互联网运营方法论自白》的作者黄有璨，现在是互联网新职业大学“三节课”的联合创始人，但在 2003 年的时候，他为了生计四处打杂，在中关村给人扛过服务器，做过在路边揽客的店面销售员……直到 2006 年 10 月，他才为自己找到一份合适的工作——加入一家日企，成为一名普通的销售员。

黄有璨特别珍惜这次工作机会，工作上积极主动，在一年多的时间里学会了如何做好一次陌生拜访；学会了如何在接触不到核心决策者的情况下，通过跟一个实验室或一个科室的人加强往来获取高价值信息；学会了如何从零开始，通过发展代理商和争取核心客户开拓一个区域市场；学会了怎么投标……同时，他还兼做市场部的一些工作，如翻译产品手册、参加行业展会、制作产品宣传资料等。只要是还没接触过、还没了解过的工作内容，他都愿意去尝试。

黄有璨抱着要做出成绩的心态，付出了不亚于任何人的努力，在快速成长的通道里狂奔。很快，黄有璨就争取到了自己的第一个客户，发展了第一家合作代理商，然后是更多的客户和订单……连着两年，他都取得了不错的业绩。2008 年，黄有璨更是成为公司在单一区域内的销售冠军。

成为销售冠军之后，黄有璨盘点了过去两年的职场经历。他发现跟同事们相比，自己并没有绝对的优势，加上自己不是很喜欢销售工作，也很难长期保持工作激情。同时他也意识到，这家日企风格稳定、注重资历，接下来能够学习到的新东西和能够获得的成长空间会越来越少、越来越窄。而黄有璨想要继续获得快速成长，快速学习众多新事物，给未来的职业发展积累更多燃料。于是，他决定离开这家日企，进入互联网行业。

2009 年，黄有璨凭借自己的销售经验和工作能力，拿到了一家美国公司的入职通知，开始做运营工作，负责拓展各类专栏作家并做好作家的管理和用户关系维护工作。随着互联网行业的飞速发展，黄有璨的职业发展也进入了快车道，经过短短 3 年时间，他就从迷茫的运营“小白”成长为一个拥有一技之长，执行力和推动力都相当出色的互联网运营人。这段经历也为他后来创业、出书奠定了坚实的基础。

黄有璨能够从传统的销售领域跨行进入互联网行业做运营，源于他在关键时刻做了职业复盘，发现了自己的关键目标。黄有璨后来的几次职业转折，包括 2012 年离开美国公司开始第一次创业，2014 年加入某大型互联网公司，2015 年创办“三节课”，都受益于持续的职业复盘。

职业复盘能够帮助我们觉察，看见当前工作与自己的关键需求之间的差异，启发我们找到新的可能性，引领我们走上自己想要的道路。

2005 年，我由通信设备的技术支持工程师转行做了程序员，一开始是编写代码，后来做程序设计、架构设计，再后来做技术性的管理工作。2013 年，我在一家公司担任研发部门的负责人，带着几个团队做产品。也就是在那个时候，我发现自己的职业发展进入了平台期，于是开始有意识地做职业复盘。

经由职业复盘，我发现自己多年软件开发工作积累的经验，长时间研究 Qt 源码建立的领域优势，以及大学时代培养的写作爱好，居然连缀起来形成一个了新的方向——技术写作。于是我就开始在 CSDN 专业技术社区写技术博客，后来又抓住机会出版了《Qt on Android 核心编程》和《Qt Quick 核心编程》这两本书，成功创造了职业生涯拐点。2014 年，我为自己赢得了薪水翻番的工作机会。

后来我养成了职业复盘的习惯，在某个重要项目完结的时候都会复盘一次，在每个季度末会复盘一次，在一年将要结束的时候也会复盘一次。

2015 年以来，我通过持续不断的职业复盘，让自己的关注点慢慢从如何做好业务转向了如何帮助他人成长，这使我从软件研发经理转行做了职业规划师。现在，我已经帮助 1600 多人找到了自己的职业方向。我确认，职业咨询将是我未来 30 年会持续经营的事业。

职业复盘就是这样神奇，它能帮助我们把散落在职业生涯长河中的珍珠一颗一颗打捞上来，以特别的方式串成价值连城的项链，带给我们新的意义和价值，指引我们完成自我蜕变。

从上述几个案例中，我们可以看到职业复盘能够带给我们的各式各样的好处。具体来讲，职业复盘可能会带给我们六大好处。

（1）掌握职业发展状况

职业复盘可以带你适时、准确、全面地审视自己在过去一个时期内的职业发展情况，让你迅速掌握自己当下的状况，为下一步的调整与发展奠定基础。

（2）发现职场卡点

一旦你掌握了当下的状况，就可能发现职场卡点，相应地就可以做有针对性的战略调整，让自己获得更多机会。

有人可能会在职业复盘后发现自己的专业技能水平不足以在同事中形成优势，那他就可能继续投入更多时间、精力和心思，争取在短时间内提升专业技能水平。

（3）凸显工作主线，加速发展

每一次职业复盘，都能引导你思考近期目标和远期规划，促使你抬头看路，发现工作主线，帮助你将时间和精力投入更有价值的任务，让你能够更快地成长为自己想成为的样子。

（4）明晰职业发展偏好

职业复盘从多个维度分析了你的职业发展状态，能够有效觉察，让你感受到自己对什么满意、对什么不满意，发现自己最关注的因素，明晰现阶段的职业发展偏好。

松晓就是通过职业复盘，发现自己更想做专业性强、能够建立核心竞争力的工作。

（5）找到职业发展方向

明晰了职业发展偏好后，你就可以从通过职业复盘整理出的各种事实中，拣选出符合偏好的要素，通过组合创新找到新的职业发展方向。

我就是通过一次次的职业复盘，发现了职业咨询这个职业发展方向，并最终将其作为我的长期事业来发展。

（6）明确选择工作的标准

有时候，你没有办法在当前的公司通过调整发展战略来突破职场卡点，而是需要转换工作。那么你在选择新的工作机会时，就可以参考职业复盘的结果——你对当下工作的不满之处、你的职业发展偏好等，这些都可以作为重要的参考因素，帮助你做出更符合自身情况的决策。

1.3 职业复盘怎么做?

我经过多年实践，形成了一套自己的做职业复盘的方法。同时，从 2015 年开始，我系统地学习了生涯理论与技术，并持续做职业咨询。经历过 1600 多次咨询后，我对影响职业发展的关键因素有了较为深刻的体会和理解。

融合多年的职业复盘实践与丰富的职业咨询经验，我打磨出了一套兼具实操性和引领性的职业复盘方法，并且经过了线下工作坊的检验，证明这是一套行之有效的方法。

这套结构化的职业复盘方法，由一个核心模型和一套操作流程组成。

1.3.1 职业复盘的核心模型：职业罗盘

在 2013 年年底，我就开始尝试基于不同的要素和维度来回顾自己的职业生涯。每个季度、每一年的回顾，我都努力去发现新的角度，将找到的各种角度进行分类、分层，并将它们纳入既有的要素与维度中。经过不断实践，我终于在 2018 年年底建立了职业复盘的核心模型——职业罗盘。

职业罗盘由内到外分为三层。

第一层是职业发展四要素，由价值、资源、动机和能力组成。职业发展四要素相互作用，综合决定了一个人的职业发展状况，是寻找理想工作的钥匙，也是职业复盘的根基。

第二层是职业发展的八个关键维度，由经济回报、职场地位、外部资源、个人资源、专业能力、通用能力、职业兴趣和内在满足组成。职业发展的八个关键维度是由职业发展四要素细分而来，其中价值要素分解出经济回报和职场地位两个维度，资源要素分解出外部资源和个人资源两个维度，能力要素分解出专业能力和通用能力两个维度，动机要素分解出职业兴趣和内在满足两个维度。

八维度（职业发展的八个关键维度的简称）是职业复盘的具体抓手，既能帮助我们从过往的工作经历中收集材料，又能帮助我们展开分析，找到未来的努力方向。

第三层是职业发展的二十二个具体方面，由八维度细分而来。经济回报维度包含收入来源和收入数量两个方面。职场地位维度包含职等职级和业务价值两个方面。外部资源维度包含物资、信息、政策和成长资源四个方面。个人资源维度包含人际关系、成果和品牌三个方面。专业能力维度包含专业理论、专业技能和项目经验三个方面。通用能力维度包含功能型技能和适应型技能两个方面。职业兴趣维度包含心流体验、突破体验和好奇体验三个方面。内在满足维度包含成就需求、归属需求和自主需求三个方面。

二十二方面像是职业显微镜，可以让你的观察力倍增，帮助你快速找到工作上的具体改善目标。

职业发展四要素、八维度、二十二方面组合在一起，形成了职业罗盘。基于职业罗盘，你可以梳理现状，明确当前状态，然后分析问题并做出战略决策。

1.3.2 职业复盘的操作流程：回顾、分析、调整

职业罗盘是职业复盘的核心模型，是理论基础，但要想落地实施，还需要有可操作的流程与方法。因此我以职业罗盘为基础，设计了回顾、分析、调整这三个环节，从而形成了职业复盘的流程，如下图所示。

回顾、分析、调整这三个环节，围绕着职业罗盘形成循环，寓意职业复盘要周期性地进行。

实际每一次做职业复盘时的流程如下图所示。

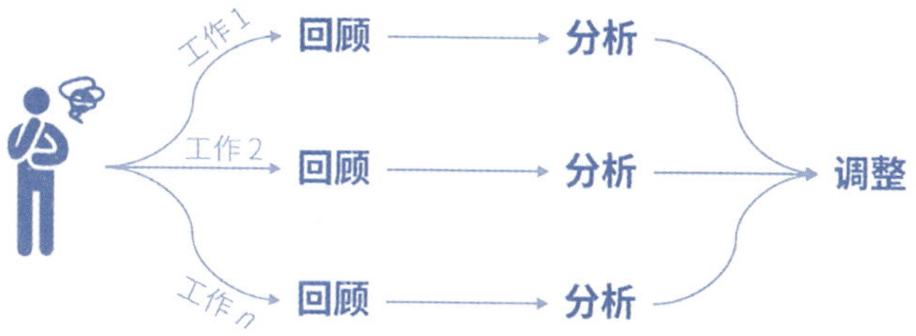

也许，你看到流程的起点不是一份工作而是多份工作会感到惊讶。

实际上，这样的设计是基于当代职场人的现状——很多职场人士会将自己当作一家公司来经营。在他们看来，一家公司可以在同一时期经营多条产品线，推动公司良性发展；一个人也可以同时从事多份工作，谋求个人的持续发展。基于这种观念，很多人都会在保持主业稳定发展的前提下，积极尝试开拓副业，形成一主一副或一主多副的多元工作结构。

如果你有多份工作，在职业复盘时就要针对每份工作都做一遍回顾和分析，然后在调整环节汇总多份工作的分析结果，最终形成一个完整的输出结果。

如果你目前只有一份工作，那职业复盘流程就会简化成下面的样子，你只需针对这份工作做完回顾、分析、调整三个环节即可。

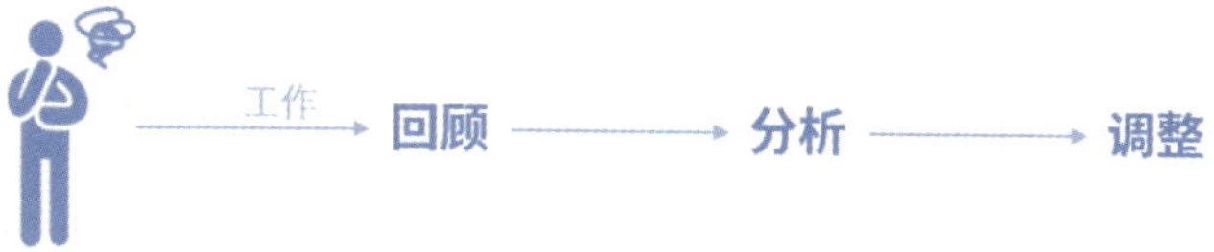

理解了“职业复盘需要覆盖多份工作”这个关键点，接下来我们来看一下回顾、分析和调整这三个环节都是什么，以及都需要做些什么。

乔布斯2005年在斯坦福大学演讲时分享了他人生中连点成线（connecting dots）的经历和感悟。“So you have to trust that the dots will somehow connect in your future. You have to trust in something – your gut, destiny, life... ”

要想把职业经历中那些闪光的“点”像乔布斯一样连接成线，你就必须先把它们从时间的河流中打捞上来。这个打捞的过程，就是职业复盘的回顾环节。

在回顾环节，我首先会邀请你回顾过去一段时期在当前所复盘工作上的预期目标，用职业罗盘的四要素和八维度带领你找到过往工作经历中的实际收获，让你看到事实。然后，我会通过满意度打分、职业平衡轮绘制和成效评价，帮助你创造有效的觉察。

职业复盘的第二个环节是分析，分析是承上启下的关键环节，决定了职业复盘是否有效。

在这个环节，我们先是引入了职业罗盘的第三层——二十二方面，用更为全面、细致、具体的方式来帮助你透视事实、看到落差、刷新认知。

然后，你要就当前复盘的工作进行一次关键的决策——明确发展战略，确定是继续沿着当前的职业跑道前进还是转换职业跑道（如果要转换跑道，还需要使用相应的决策流程和工具来明确具体的转换方式），并明确相应的战略目标。

做完决策之后，你要根据现阶段的战略目标确认接下来要在哪些方面做出努力。

最后，你要在这些方面收集具体的改善目标，以便付诸行动、实现目标。

当你完成了每一份工作的回顾和分析环节之后，就可以进入调整环节。

调整是职业复盘的第三个环节，它首先会将你在分析环节收集的具体目标汇总在一起。

一般来讲，你会在这个环节发现前面制订了很多目标，可自己的时间和精力有限，很难在下一个职业复盘周期内一一实现。

此时，你需要根据自己所看重的因素定义优先级别，然后逐一为各个目标设定优先级，让少数几个真正重要的目标浮现出来。

接下来，你就要审视这些重要的目标，明确实现策略和时间节点，设定行动计划和管控措施，确保在下一个职业复盘周期内创造真正的改变，获得你想要的未来。

回顾环节收集了过去一个时间段内的实际收获，帮助你明确事实、创造觉察。分析环节对事实进行透视，帮助你在发展方向上做出决策，制订出下一个时间段内的具体目标。调整环节将目标汇总，并帮助你筛选出关键目标，设定行动计划。三个环节联动，就可以实现职业复盘的目的——基于过去的工作经历，找到新的方向、方法和策略，指引下一个阶段的发展。

要点回顾

- ⊙ 职业复盘，指运用结构化的方法，对过去一段时期的工作经历进行回顾，分析亮点、发现不足，找到新的方向、方法和策略，让自己为接下来一段时期的职业发展做好准备。
- ⊙ 职业复盘的核心是“复盘过去，规划未来”，其实质是一种迭代式的职业规划方法。
- ⊙ 职业复盘的六大好处如下。
  - · 掌握职业发展状况。
  - · 发现职场卡点。
  - · 凸显工作主线，加速发展。
  - · 明晰职业发展偏好。
  - · 找到职业发展方向。
  - · 明确选择工作的标准。
- ⊙ 职业复盘的核心模型——职业罗盘。职业罗盘由内到外分为三层。第一层是职业发展四要素，第二层是职业发展八维度，第三层是职业发展二十二方面。
- ⊙ 职业复盘的操作流程分三个环节——回顾、分析、调整。回顾环节总结过去的工作经历；分析环节透视事实，决定发展战略，收集改善目标；调整环节汇聚并梳理目标，设定优先级，制订行动计划。

第 2 章

CHAPTER 2

回顾

—— 有意义的过去里，隐藏有未来的答案

回顾是职业复盘的起始环节，它从职业罗盘的八个关键维度出发，收集过去一个时间段内的实际收获，让你穿越自我美化的迷雾，看到事实。事实一旦浮现，将其和预期目标相比较，就可以有所觉察，这能帮助你了解当下工作的真实状况。

继往才能开来，回顾是美好未来的开始。

2.1 无效回顾的三大困境

我们先来做一个小小的练习，感受一下回顾流程。

请先选择一个时间周期，比如半年、一年、两年，回想这个时间周期内你在工作上取得的成果，并针对每个成果提炼出一个关键词或一句简短的话，写到下面。

注意：限时3分钟；想到几个就填写几个，不必填满整个清单。

在最近________内，我在工作上取得了下面这些成果。

1. ________________
2. ________________
3. ________________
4. ________________
5. ________________
6. ________________
7. ________________
8. ________________
9. ________________
10. ________________
11. ________________
12. ________________

现在，请将你在完成这个练习时感受到的困难写在下面。

2020年年底，我引入了你刚刚做过的练习，让伙伴们罗列过去一年工作上的重要事件和成果，并制作成一张清单。

你可以继续往下阅读，看看职业复盘线下课的学员在完成这个练习时都遭遇了哪些困境。

2.1.1 挖空心思，却找不到多少成果

练习时，有几位伙伴陷入了沉思，迟迟无法落笔。我问其中一位不停转笔的伙伴发生了什么，她说思来想去，想不出自己取得了什么成果。我又问另一位皱眉苦想的伙伴遇到了什么困难，他说感觉过去发生了很多事情，可想要挑几件出来写，却不知道从哪里入手。

练习结束后，我请伙伴们展示他们制作的清单。

有一位伙伴M，在清单上列了如下2项。

- 第三季度被评为高级经纪人。
- 11月成功发展了5位保险客户。

另一位伙伴H，在清单上列了如下3项。

- 掌握了抖音直播卖货的方法。
- 7~8 月出差 32 次，给 32 家门店的员工培训如何直播卖化妆品。
- 2020 年收入逆势增长 30%。

看过 M 和 H 的清单，我问有多少人清单上的成果数量在 5 项以内，结果有近 1/3 的伙伴举手。

这是在回顾时经常会遭遇的第 1 个困境——**成果数量少**。过去一段时间，明明发生了很多事情，我们却收集不到几项让自己印象深刻的重要成果。

我相信很多人每年都会经历一次这种情况，并且常常因此而感叹："今年就这样过去了，工作上都还没做出成绩。"

2.1.2 找到不少成果，但只集中在一两个维度

我接着问有多少人罗列的成果数量超过 10 项，C 和 Y 向我举手示意。我拿过 C 的清单浏览，发现上面有 12 项内容。

1. 和产品团队梳理了 4 个岗位的职责。
2. 在智联招聘上发布了招聘需求。
3. 在前程无忧上发布了招聘需求。
4. 在 BOSS 直聘上发布了招聘需求。
5. 和 X 人力资源服务公司签订了猎头服务合同。
6. 和 Y 人力资源服务公司签订了猎头服务合同。
7. 完成了 100 多份简历筛选。
8. 面试了 22 位候选人。
9. 组织了两次研讨会，和产品团队的 3 位面试官一起学习面

试技巧。

10. 发出了 2 个入职通知。

11. 完成 32 位新员工的入职培训。

12. 顺利解聘 1 位员工。

当看到 C 过去一年的重要事件和成果时，我很快意识到，她在公司主要负责招聘工作。同时我也发现，C 的这份清单虽然很长，但基本属于工作任务这一个维度，很少涉及其他维度。

C 的清单所呈现出来的，是回顾中常见的第 2 个困境——**成果覆盖的维度少**。实际上，一份工作包含很多个维度，我们在各个方面都可能取得成果。

比如前面提到的伙伴 H，他的成果清单看起来只有 3 项内容，实际上覆盖了两个维度，其中“掌握了抖音直播卖货的方法”和“给 32 家门店的员工培训如何直播卖化妆品”是工作任务维度，“2020 年收入逆势增长 30%”是工作收入维度。

当然，两个维度还是不够全面、完整，这也是 H 的清单内容比较少的重要原因，如果他能从更多维度来盘点，可能会做出内容更丰富的清单。

2.1.3 成果很多，但杂乱无章

在浏览 C 的清单时，我有种强烈的似曾相识之感。经过一番努力，我回想起在 2011 年年底自己曾给领导发过一张跟 C 的清单类似的工作汇报表格，如下表所示。

序号	任务和目标	达成度
1	moho 运营 3.0 升级版本管理	100%
2	sotrain 网络教育平台（红杉树版）	100%
3	moho 运营 2.9 互联网节目导出	100%
4	moho 运营 2.11 节目单更新频率	100%
5	moho 运营 2.12 直播管理	100%
6	moho Android 版本遥控器	100%
7	moho 运营 2.13 账号分组认证	100%
8	moho 运营 2.14 应用商店	100%
9	moho 运营 2.15 系统公告	100%
10	moho 运营 2.16 认证组应用	100%
11	moho 运营 2.17 产品订购配置	100%
12	moho 运营 4.0 多点部署版本	70%
13	魔盒 1.19 版本（互联网影片接入）	100%
14	魔盒 1.20 版本（搜索导航）	100%
15	魔盒 1.21 版本（互联网资源库）	100%
16	魔盒 1.22 版本（导航改版）	100%
17	魔盒 1.23 版本（激动剧场更新）	100%
18	魔盒 1.24 版本（激动剧场更新）	100%
19	魔盒 1.25 版本（网络直播）	100%
20	魔盒 1.26 版本（互联网资源库直播）	100%
21	魔盒 1.27 版本（第三方应用 VST）	100%
22	魔盒 1.28 版本（搜索排行数量配置）	100%
23	魔盒 1.29 版本（应用商店生活资讯）	100%
24	魔盒 1.30 版本（系统公告）	100%
25	魔盒 1.31 版本（安徽教育频道）	100%
26	魔盒 1.32 版本（音乐频道）	100%

你可以看到上面的表格中有 26 项内容，实际上我当时的表格更长，有 46 项内容。

我不知道你看完这张表格后有什么感觉。

现在审视这张表格，我的感觉是乱七八糟，根本搞不明白发送汇报表格的人想要表达什么。

我看到C的清单有似曾相识之感，是因为它跟我2011年年底的工作汇报表格存在一样的问题——**杂乱无章**，这也是你在回顾时可能会遭遇的第3个困境。

之所以发生这种情况，往往是因为你想要显示自己的工作量饱和，做的事情很多，于是就搜肠刮肚把事情一股脑儿都列出来。实际上，未经分类整理的、流水账式的记录并不等同于好，也不能说明你的能力出众、绩效超群。相反，它给人一种强烈的拼凑感，让人怀疑你的动机和能力。

数量少、维度少、杂乱无章，是我们在回顾时常遭遇的三大困境。

现在请你暂停阅读，回看你在前面写下的工作成果清单，对比回顾时常见的三大困境，看看你遭遇哪些困境，把它们写在下面。

我在回顾时遭遇的困境：______________________________

____。

2.1.4 避免无效回顾的利器——职业罗盘

前述三大困境不解决，我们在回顾时就很难掌握客观全面的事实，也很难对自己过去一段时间的职业发展情况进行多维分析，很可能会忽略过往工作经历中潜藏的“草蛇灰线”，错失调整的时机，最终导致我们多走弯路，迟迟不能到达想去的地方。

人生最大的遗憾不是“我不行”，而是“我原本可以”。

为了避免这种遗憾，为了更好地完成职业复盘、促进职业发展，为了成长为自己想成为的样子，我们需要解决这三大问题，使自己能够更全面、更系统、更有效地收集过去一段时间在工作中发生的重要事件和取得的重要成果。

那怎么破解这三大困境呢?

答案就是职业罗盘。

职业罗盘中的职业发展四要素和八维度可以帮助大家解决回顾时常见的三大困境，让大家能够全面、系统、简便地盘点过去一段时间在工作上发生的重要事件和取得的重要成果。所以接下来，我们就来看看职业发展四要素和八维度都是什么，理解它们的概念和含义后，就可以进入回顾实操环节。

2.2 职业罗盘四要素：秒懂什么是理想工作

在正式介绍职业发展四要素之前，请允许我先介绍即将在本书中登场的两位伙伴——许鸣和凌霄，我们在后面的内容中会经常以他们两位举例。

许鸣，男，25 岁，大学本科毕业，参加工作 3 年，在一家电气领域的上市公司做软件开发工作。许鸣的能力，跟同事们相比，不是特别强也不是特别差，算是一般。收入处于行业平均水平，但基本“月光”，存不下钱。许鸣对工作谈不上喜欢也谈不上厌烦，但你要说满意吧，好像又不满意。虽然他很想在工作上取得突破，但不知道方向在哪里。

凌霄，女，31 岁，孩子两岁。凌霄在一家保险公司的服务部门工作 6 年后，晋升成为部门经理，有 12 名下属，分为 3 个小组进行管理。凌霄的工作强度适中，年收入 30 万元左右，她对此比较满意。但凌霄不想一直留在服务部门，她对公司的核心业务部门有浓厚的兴趣。凌霄虽然得到了领导的信任与支持，但还没有得到全部下属的认可，也还不足以成为公司中层的核心骨干。于是，凌霄利用业余时间，学习了两年成为了行为风格测评理论（DISC）培训师，已经开展了几次课程活动，效果不错。培训师是凌霄非常喜爱的工作，为此她一直在坚持发展这一副业。

职业发展四要素是指价值、资源、能力、动机，它们相互作用，综合决定了一个人的职业发展状况。

2.2.1 价值：让你安心工作

价值，指工作带给你的回报，比如薪水、奖金、社会地位、影响力等。

不同的人，对价值的重视程度不同。

有人可能会因为价值不足（如月薪比预期低了 200 元、晋升失败等）而选择离职，而有人可能不关心价值，只要能在公司安稳工作就很开心。

同一个人，在不同的人生阶段和职业发展阶段，对价值的重视程度也可能不同。

许鸣刚毕业参加工作时，认为钱少一点没关系，自己的日常花销也不大。工作 3 年后，他有了女朋友，面对买房、结婚等人生大事，突然觉得收入非常重要。

不论什么人，无论你处于什么职业发展阶段，只有工作能带来符合你预期的价值时，你才能安心做下去。如果工作带来的价值远低于预期，你就会觉得失落、不公，从而无心工作。

2.2.2 资源：让你快速发展

资源，指可以助力你职业发展的各种实体物资和虚拟物资，比如场地、设备、材料、信息、荣誉奖项、知识性作品、职权等。

缺少必要的资源，你很难在职场上获得好的发展。

比如公司派你到一个新城市开设分公司，要求你在 3 个月内招募 30 位本地员工，并尽快开展工作。可如果办公室、计算机等资源迟迟不能到位，你就无法顺利开展招聘工作，即使招募到新员工，也很难让他们开始办公。

我（安晓辉）的爱人在国际商业机器（中国）有限公司工作时，公司对于走技术路线的员工设定了晋升规则——拥有一篇规格不低于内部 Public 的 Patent，才能从 Band 7 晋升到 Band 8。这样的 Patent 就是一种资源，如果你没有，晋升就会受阻。（注：内部 Public 的 Patent，指没有获得国家专利号但公司认为有价值的“内部专利”，其规格低于获得国家专利号的公开专利。）

当缺少必要的资源支持时，你可能会感到孤独、无助，工作捉襟见肘，难以推进。

2.2.3 能力：让你胜任工作

能力是个人完成一项活动所体现出来的综合素质。能力是职业发展的基石，能力不够，职场道路走不顺也走不远。

我有一位咨询客户，姓胡，2018 年毕业后进入一家二甲医院上班。到 2019 年 7 月，他已经工作了将近一年，却天天为写病历头疼，他不太清楚每一个模块什么不该写，什么该写，以及写到什么程度，因此经常被带教老师挑毛病，有时开会还被主任点名批评。为此，胡医生时常怀疑自己不适合做医生。其实，他只是暂时的能力不足，只要多向带教老师请教，多参考学习优秀病历，把能力提升上来，现有的种种痛苦就会缓解或消失。

当能力不足时，你可能会感到焦虑，产生无力感，觉得任何挑战都可能压垮你。此时你要做的，一方面是降低工作难度，另一方面是提升工作能力。当你的能力提升到可以胜任工作时，焦虑就会缓解或消失。

值得一提的是，**在职场上想要有长足的发展，能力仅仅可以胜任工作还不够，你还要合理定位、持续精进，逐渐发展出自己的优势**。唯有如此，你才可能脱颖而出，获得更多机会。

能力上的优势是指你明显比特定群体中的其他人胜出一筹，它有以下几种常见的表现。

- 你在某种具体的技能上拥有比其他人更高的水平。
- 你在解决某类问题时具有更为丰富的经验。

· 你基于技能水平、经验等优势拥有了某方面的资源，形成了资源优势。

· 你在某个领域形成了技能、经验和资源的组合优势。

优势说起来简单，实际上很复杂，这里展开讲一下优势的 3 个关键点，以帮助大家进一步理解。

第一个关键点，优势是围绕着某一类问题（业务）来讲的，离开问题领域，很难谈优势。

比如在涉外商务谈判时，英语同声传译可能是一个人的优势，但同样是这种专业技能，在教孩子学游泳这件事上就不能成为优势。

比如在行业研究、生涯规划等领域，信息收集与分析技能可能是一个人的优势，而换到瑜伽教学上就不是。

第二个关键点，优势是个人相对某个群体而言拥有的比较优势。人无我有、人有我优，才谈得上优势。

在软件开发者群体中，我的文章比 80% 的人写得好，那写作就是我的优势。而把我放在新媒体写作者这个群体中，我写文章的能力可能只是刚刚及格，写作就并非我的优势。

20 世纪八九十年代，一个人在农村如果会驾驶，可以给领导开车或自己跑运输，把生活过得远超同村的其他同龄人，那驾驶就是他的优势。而在一线城市的白领群体中，多数人都会驾驶，驾驶就很难成为一个人的优势。

第三个关键点，优势应该具备较强的壁垒，不易被别人在短时间内超越。

比如，一个人在税务或媒体等机关单位工作多年，当他进入企业的对外公共关系部门工作时，之前积累的丰富经验和资源，让他和同部门没有在机关单位工作过的同事相比，具有明显的竞争优势，因为别人很难在短时间内获得这些经验和资源。

如果你建立的优势，别人只需几个月就能拥有，那就谈不上是一种优势。

理解了前述 3 个关键点，你就能更好地理解什么是优势。

优势是个人在组织中获得更好机会的基础，是个人职业发展的发动机。如果你能有意识地把某些能力发展成优势，那你将来的职场道路就会顺畅很多。

2.2.4 动机：让你愿意工作

动机是推动人从事某种活动并朝一个方向前进的内部动力，主要表现为追求某种目标的主观愿望或意向。

上海有一家教授摇摆舞的机构，它的创始人小星是一个有着十几年工作经验的通信工程师。2015 年，小星刚接触到摇摆舞就十分喜欢，整晚整晚地听爵士乐，听到兴奋处，就从床上爬起来跳舞。随着对摇摆舞的了解和尝试越来越多，小星产生了专职从事摇摆舞教学工作的想法。2017 年年底，小星辞掉工作，开始全职从事摇摆舞教学工作。

对摇摆舞的强烈兴趣和热爱，推动着小星从业余玩家变成专业选手，从兼职推广走向全职教学。

当你有动力去做某种工作时，就可能克服各种困难，获得长远、良性的发展。反过来，如果你失去了工作动力，就容易被无聊、厌倦淹没，状态也会越来越差，认为自己为什么要努力坚持做一件没有意义的事情。自然，你也就很难把一份工作长久地做下去。

职业发展四要素代表了一份工作的四个不同侧面，它们彼此关联、相互促进，共同推动工作往你所期待的方向发展。当这四个要素都得到充分的发展，都能带给你较高的满意度时，你的职业发展就进入了理想状态。

然而，现实是很少有人的职业发展四要素能在刚开始一份新工作时就得到充分且均衡的发展。

我在 2002 年大学毕业时，进入了西安大唐电信有限公司，成为一名售后技术支持工程师。刚开始工作的几个月，我只对价值要素满意——售后技术支持工程师的薪水高，出差补助也高。在能力上，我刚出校园，距离胜任工作还有相当长的距离。在动机上，其实我对排查故障这种工作并没有明显的兴趣或追求。在资源上，公司基本的设备、资料等都能支持我顺利开展工作，而对于人际关系、政策等方面，我还没有更多的理解。

实际情况是，一个要素的满足会带动其他要素的发展。

你对工作回报感到满意，就会促使你尽快发展自己的能力，让自己能够胜任工作。当你能够通过努力搞定日常工作，就可能出现两方面的结果。一方面是你体会到胜任感和成就感，可能产生内部动机，乐意继续做下去；另一方面是你和上司、团队成员等建立了良好的工作关系，获得来自上司和团队的工作支持，资源要素可以发展起来。其实，这就是我在第一份工作中的状态——工作一年后，我的能力得到了较好的发展，可以独自处理各式各样的程控交换机障碍，办事处的经理、负责同一地区的同事等都对我比较认可，在资源上也比刚入公司时得到了更多支持。

你对工作内容很感兴趣，遇到困难就能主动想办法克服，结果就是有比较大的概率可以做好工作，得到好的回报，同时能力也能得到发展。

李开复在卡内基梅隆大学读博士时，得到瑞迪教授的赏识。李开复要研究怎么用统计学解决“不特定语者、大词汇、连续性语音识别”问题，需要使用大数据库和运算速度非常快的计算机，瑞迪教授就去申请建立了一个大数据库，也帮李开复购买了最新的计算机，这样李开复就有物质基础来做研究。1987 年年初，李开复开创性地运用统计学原理开发出世界上第一个“非特定人连续语音识别系统”，并于 1988 年 4 月在纽约世界语音学术会议上发表学术论文。后来，李开复的成果被《商业周刊》评选为当年“最重要科学创新奖”。李开复利用资源要素促进了能力的发展，并得到了价值回报（社会地位和影响力）。

反过来，如果某个要素的发展受到限制，甚至进入停滞状态，令你特别不满，也可能会导致其他要素的发展停滞，进而影响整个工作的发展，最终可能让你做出职业转型的决策。

比如前面提到的松晓，她之所以选择放弃首钢的工作，一个非常重要的原因就是动机不足——她对工作内容不感兴趣，即使完成了也没有成就感。

理解了职业发展四要素的作用和相互关联，你就获得了职业发展的钥匙——找到少数几个关键的发力点，撬动某些要素的发展，带动其他要素的发展，从而推动整个职业发展朝你理想的方向前进。

2.3 职业罗盘八维度：快速盘点工作收获

要通过回顾寻找具体的发力点，仅仅了解职业发展四要素还不够，因为它们太抽象，我们还需要更具体的抓手——职业发展的八个关键维度。

1. 经济回报。 2. 职场地位。
3. 外部资源。 4. 个人资源。
5. 专业能力。 6. 通用能力。
7. 职业兴趣。 8. 内在满足。

职业发展八维度是从职业发展四要素中分解出来的，它和职业发展四要素的关系如下面的职业罗盘所示。

接下来，我们逐一分析每个关键维度，准确理解各个维度对后面的回顾操作的重要性。

2.3.1 经济回报 + 职场地位 = 价值

经济回报是价值要素下的第一个关键维度，它指个人通过一份工作获得的各种物质性报酬，包括薪水、项目奖金、年终奖、过节福利等。

经济回报是职业发展中非常重要的基础因素，公司在经济回报方面提供比较好的保障，我们工作起来才没有后顾之忧，才会积极投入，创造更多价值。反过来，如果获得的经济回报没办法保障我们的物质生活，或者明显低于预期，那价值感就会变低，我们很容易感到失落，进而无心工作。

在职业复盘时，我们更关注经济回报中的金钱因素，因为它最基本，也最容易衡量。

理解了职业复盘中的经济回报指什么，那我们在回顾时就可以收集与之相应的成果。

凌霄 2020 年的月薪是 18000 元，14 薪，年工资收入是 252000 元。这 252000 元就是凌霄在经济回报维度获得的一个成果。同时，凌霄当上部门经理后，有了绩效奖金，2020 年绩效奖金的系数是 2.8，因此实发绩效奖金 50400 元，这也是凌霄在经济回报维度获得的成果。

有人习惯以年总收入来衡量经济回报，比如许鸣，他把年总收入 98800 元作为这个维度的成果。如果你习惯像许鸣一样使用年总收入来衡量经济回报，那最好把自己当前这份工作所带来的各项可由你支配的收入都计算进来，比如薪水、项目奖金、年终奖、各种补贴、住房公积金、节日福利、加班费等。

职场地位是价值要素下的第二个关键维度，它指个人在职场上（或领域内）的重要性，通常体现在影响力和影响范围的大小上。

每个人都渴望被看见、被尊重、被重视，这是我们与生俱来的心理需求。反映在职场上，我们不希望自己是个没人在意的“小透明”，而是希望自己在组织中举足轻重。为此，我们往往会努力争取晋升，争取负责重要项目，并且会不自觉地寻找各种事实来评估自己的职场地位。

比如许鸣，他就觉得自己在部门内无足轻重，地位非常一般，具体表现为上司好像不在意许鸣工作效率的高低、工作成果的多少，很少表扬或者批评他。

凌霄的感觉和许鸣不太一样。凌霄所在部门的经理职位空缺时，她和另外三位组长都有机会晋升，其中有两位组长资历很深，不少人觉得她俩的希望更大。结果，资历相对较浅的凌霄得到了晋升机会。凌霄认为，这说明她更受重视。

当你通过各种事实确认自己在职场上的地位非同一般或正在获得提高时，你就会受到激励，工作积极性就会更高，也更愿意把个人的发展和公司的发展协同起来。

在做回顾时，你需要收集的是与职场地位相关的事实。比如凌霄就可以把自己晋升为部门经理这件事，作为职场地位这个维度收获的成果。

2.3.2 外部资源 + 个人资源 = 资源

外部资源属于资源要素，它是由外部环境缔造的，归外部环境所有。你可以采用某种方式获取资源在某些时间段、某些场景下的使用权，却无法将

其归为己有。当你脱离了这个外部环境，离开了特定场景时，就无法再使用这些资源。

对在职人士而言，公司的计算机、销售渠道、客户关系、政策、技术资料等就属于外部资源，你可以使用它们来开展工作，但当你离开这家公司时，它们就不再对你开放，你就会失去它们。

外部资源不一定都是由你所在的公司提供的，也可能是更大的环境或平台提供的，比如市级、省级、国家等层面的政策、法规等。

个人要想在职场上有好的发展，必须要在外部资源层面得到足够的支持，这样才能顺利开展工作。如果一个人所在的平台总是因为各种原因无法提供必要的资源，导致工作开展困难，时间久了，他往往会选择离开。

我们在进行职业生涯管理时，往往更多地考虑自身因素，常常意识不到外部资源的重要性，有意无意地忽略这个保障属性比较重的维度。实际上，外部资源虽然在我们自身之外，对我们的职业发展却非常重要。因此，我在设计职业复盘工具时，特地把外部资源这个维度纳入进来。

从回顾的角度看，与外部资源相关的成果主要指那些能证实你得到了资源支持的事实。

2020 年，许鸣所在公司发内部邮件推荐员工在家办公，许鸣响应号召，为在家办公申请了一台笔记本电脑，上司很快审核通过，许鸣顺利开启了在家办公的工作模式。许鸣认为，公司给自己配置笔记本电脑就是一种资源支持。

凌霄当组长时，请求其他小组和部门协助常常得不到及时响应，后来她晋升了部门经理，拥有了相应的职权，各种工作的开展就顺利多了。

许鸣获批笔记本电脑、凌霄获得职权，都可以看作外部资源维度的收获。

个人资源是相对于外部资源来讲的，它们不是公司或外部环境中既有的现成资源，而是个人综合运用自身能力和合适的战略，在工作中创造出来的新资源，比如项目、产品、人际关系、个人品牌、成绩、奖项、作品等。

个人资源可以跟随你迁移到各个地方，在各种场景下发挥效用。比如你获得的成绩、荣誉，你作为主要角色参与开发的软件，你撰写的图书等，不管你是否离开原有平台，它们都可以为你代言，助力你的职业发展。

个人资源是个人用劳动创造的，带有个人色彩，因此每个人的个人资源都是不同的。

个人资源可以像外部资源一样给我们的职业发展带来助力。

比如你在某个专业领域深耕多年，建立了个人品牌，公司的同事和领导一想到这个领域就会想到你。当公司要在该领域开展相关项目时，你就比其他同事有更多机会担任核心角色。

再比如结构合理、远近适当的人际关系，对个人能力的提升、工作的开展以及未来的成功，也有至关重要的作用。

在《杜拉拉升职记》中，杜拉拉的工作能力与品行得到了 DB 中国区总裁何好德的认可，杜拉拉也因此与何好德建立了良好的关系。何好德的职位比杜拉拉高两级，几次在规则允许的情况下给杜拉拉提供了实际的帮助。比如杜拉拉针对公司的装修提出了减少经理房间的提议，管理层不予采纳，最终是何好德帮助推进的；杜拉拉克服种种困难完成了装修，向总监李斯特申请升职，李斯特起初没有同意，后来在何好德的间接影响下才提拔杜拉拉担任行政经理。

没有何好德，杜拉拉的职场晋级之路会困难很多。

2020 年 3 月 21 日（周末），我跟爱人、女儿在万达广场闲逛时接到了前同事 W 的电话，W 想邀请我加入他现在所服务的一家公司。

W 为什么想找我呢?

这是因为 8 年前，W 和我在一家公司工作时，分别负责不同的业务部门，因为工作有交集，我们经常协同工作，一来二去就建立了良好的工作关系。

像这样的工作关系，在同一家公司工作时可以给彼此带来直接的帮助，分开之后，仍有可能得以延续，并创造新的合作机会，助力彼此的职业发展。

个人资源是你在职业道路上进阶发展的关键因素，如果你没能及时建立必要的个人资源，职业道路就可能出现各种波折。

在回顾时，你可以把当前职业复盘周期内建立或加强的人际关系，有助于你增强个人品牌的事件或项目，凭借专业积累和工作经验等创造的个人作品等，作为你在个人资源维度上取得的成果。

比如你在公司组织的读书会活动中认识了某某部门的 X，你们因都想学习演讲而开始了频繁的互动，学会一起成长。这件事或者这位同事 X，就属于你在个人资源维度取得的成果。

比如你参与公司的校园招聘，举办两次招聘会后，你根据实际情况总结出了更接地气的校园招聘工作流程，该流程被人力资源总监采纳，作为公司校园招聘的标准流程。这份流程作为你的作品，就是你在个人资源维度取得的成果。

2.3.3 专业能力 + 通用能力 = 能力

专业能力是能力要素下的第一个关键维度。专业能力是完成特定领域工作所需要的专业理论、技能、经验等的综合，是个人职业发展的基础。

知名小说家余华，原本是一名牙医，在医院工作五年后，23岁的他决定写小说。

余华写第一篇短篇小说时，都不知道怎么分行，坐在书桌前，脑袋里什么都没有，只能逼着自己往下写，过程非常艰难。但他坚持根据退稿意见反复改稿，小说写作能力得到飞速提升。

1983 年，余华发表了第一篇小说。1984 年，他开始在《北京文学》发表小说，1987 年发表了成名作《十八岁出门远行》，之后很快又发表了《四月三日事件》和《一九八六年》。

尽管余华已经开始不断发表作品，在文坛小有名气，但他始终无法令笔下的人物说出符合自己身份的话，只能用叙述代替对话。专业能力上的明显欠缺，导致他没办法写出规模更大的作品。为了突破瓶颈，余华有意识地在写作中练习对话，长篇小说《在细雨中呼喊》中的人物开始有了自己的声音；代表作《活着》中，一个没什么文化的老农民开始用自己的话讲述故事。

1995 年，余华开始写作《许三观卖血记》，他因此意识到了写作通篇对话的长篇小说的困难之处——对话有双重功能，一个是人物在发言，另一个是叙述在推进。所以写对话的时候，一定要有叙述中的节奏感和旋律感，既要让对话成为叙述，又要让叙述成为对话。为了达到这个目的，余华研究了越剧里面的唱词和台词，发现越剧将说和唱处理得很接近，保持了戏剧的节奏感和旋律感。他觉得这个方法很好，于是借鉴过来，在写对话时让人物对话呈现出节奏和旋律，从而保持阅读的流畅感。

写完《许三观卖血记》，余华对于写对话就不再担心了。

粉碎了对话描写障碍，余华又通过学习威廉·福克纳、陀思妥耶夫斯基、司汤达等名家的作品，突破了另一个专业障碍——心理描写。之后，余华感觉任何障碍都不可能再阻挡他了，他的小说写作由此进入了新的境界。

正是因为余华持续地、有意识地锤炼专业能力，他才能从一开始的不会分行进阶到能够发表小说，才能从不会对话描写、害怕心理描写，进阶到能够轻松驾驭它们，写出备受好评的作品。

我们的职业可能和小说家有很大不同，但其中的逻辑是相通的：**个人必须持续不断地提升专业能力，才可能胜任不断变化和发展的工作，才可能持续在经济回报、职场地位等维度收获成果。**

前面我曾提到《杜拉拉升职记》中的杜拉拉，她因为行政工作业绩突出而被晋升为行政经理，后来她跳槽到新公司后，遇上组织架构变化，上级从欣赏她的陈杰变成了不待见她的黄国栋。黄国栋因为杜拉拉没做过薪酬方面的工作而不看好她，认为她不足以担任人事经理。杜拉拉在这个时候迅速找到方法补上了薪酬方面的能力不足，搞定了“加薪”这项年度重点工作并打造了“薪酬宽带制”这个亮点，最终赢得了认可。

杜拉拉能够在新公司站稳脚跟，最终依靠的也是专业能力。

不管你从事什么职业、工作内容是什么，专业能力都是职业发展的基石。缺乏专业能力，专业能力跟不上快速发展变化的工作要求，专业能力的提升速度跟不上年龄增速，个人竞争力就会下降，从而很容易陷入职场危机。

所以你必须持续精进，不断提升专业能力。在回顾时，你做过的项目、获得的成绩和荣誉、代表你能力提升的数据和资质等，都可以视作专业能力这个维度的成果。余华在写作《许三观卖血记》时驾驭了对话描写，杜拉拉打造了薪酬宽带制，都是可以视作成果的事实。

通用能力是能力要素下的第二个关键维度，它指那些不专门针对某些专业领域工作的技能，比如制订计划、收集信息、分析问题、目标分解、快速学习、时间管理、沟通协作等。

通用能力的作用常常体现在以下三个方面。

- 帮助完成常规工作任务或工作职责，如分配任务、汇报工作等。
- 为做专业工作做好各种准备，如沟通需求、明确目标、申请资源、制订计划等。
- 帮助我们学习、掌握、发展专业能力，精进专业水平。

可以说，没有通用能力，专业能力就不可能存在，也不可能发挥其应有的作用。

然而现实中，不少从事专业技术工作的职场人往往不重视甚至藐视通用能力。

我原来做软件开发工作时，身边就有不少软件开发工程师一门心思提升编程、调试等专业技能，忽略了表达、沟通、协作等通用技能。结果专业能力虽然提升了，工作中却因为不能有效沟通而无法准确理解产品经理的需求，导致做出来的软件不符合客户要求，最后不得不重做同时也连带着产品经理、客户一同加班。

以足球队来打比方，专业能力是前锋，通用能力则是中场、后卫、守门员。尽管前锋球艺高超，可以长途奔袭，劲射入门，可如果没有中场、后卫、守门员等提供各种支撑、创造各种机会，前锋也难以成事。

所以，如果你想要创造精彩的职业生涯，一定要重视提升通用能力，不断精进通用能力。

回顾时，你可以将过去一段时期内得到显著提升的通用能力、体现你通用能力强的事件（项目）等，作为你在这个维度的实际收获。比如许鸣参加了一次 PPT 设计训练营，他的 PPT 设计能力有了大幅提升，那这个事件就可以归类为许鸣在提升通用能力上的收获。

2.3.4 职业兴趣 + 内在满足 = 动机

职业兴趣是动机要素下的第一个关键维度，它是兴趣在职业方面的表现，是人们想要从事某种职业的倾向。

当一种职业符合你的兴趣时，你会更愿意尝试，也更乐意持续做下去。关于兴趣和职业，有以下两个典型的误解，需要在这里简要说明一下。

第一个误解是，认为自己对某种职业不感兴趣就做不好，因此求职时一定要确保自己对职业真的感兴趣才会选择。

根据我1600多次咨询的经验来看，这并不完全是事实。你对某种职业很感兴趣，选择后发现它的确是理想职业，这当然最好。但这种情况发生的概率比较小。

更多的时候，你选择自己能做的也不明显反感的职业，一样可以将它做好，甚至很有可能因为做出成绩而喜欢上这种职业。这是因为我们会喜欢那个能胜任工作、能取得成就、能被认可的自己。

所以你要意识到，兴趣和职业具有双向塑造的特性，你既可能因为感兴趣而做好一种职业，也可能因为做好一种职业而对它产生兴趣——不必把自己限制在一定要感兴趣才能选择上。

第二个误解是，工作中有一点东西惹自己厌烦，就认为这份工作不是自己喜欢的。

我的咨询客户中有不少人持有这种观念，频繁地为此更换工作，却始终找不到全然让自己喜欢的、任何时候都不会觉得厌烦的工作，因为这样理想化、绝对化的工作根本不存在。

对你来讲，大部分的工作都有你喜欢的方面，也有你讨厌的方面，它有时候会令你快乐，有时候会使你痛苦。如果你换来换去都是这个状况，就要明白自己无法通过某一次“最佳选择”来找到一种所谓的理想职业，实现一劳永逸。

小贴士

由于“不喜欢眼下的工作”而找我咨询的客户很多，于是我从多年的工作实践和咨询经验中总结出了5种方法，能够有效减少这种“烦恼”，甚至在有些情况下可以让自己接纳甚至喜欢上工作。这5种方法如下。

1. 进入心流通道。

2. 保持好奇心。

3. 创造体验突破。

4. 用情绪 ABC 模型调试不良信念。

5. 在工作目标之外设定自己的目标。

详情可以关注微信公众号“安晓辉生涯”，发送消息“工作不开心怎么办”，获取相应文章进行了解。

因此，面对工作中令自己烦恼的部分，你要换一种解读方式。首先，工作中存在令自己烦恼的部分，并不能说明这份工作就是自己不喜欢的，你可以把关注点放在喜欢的部分上，整体的感受就可能发生变化。其次，喜欢与不喜欢是动态的、可以转换的，你可能为了喜欢的部分先接纳不喜欢的那部分，时间久了，你熟悉、擅长了，可能就不讨厌了，甚至会喜欢上这份工作。

讲完关于兴趣和职业的两个典型误解，你应该能够理解以下内容。

- 职业兴趣是动态的，可以根据你如何看待和经营工作而变化。
- 你可能原本对某种职业感兴趣，做了一段时间后却由于某些令人厌烦的东西而对其失去兴趣。
- 你可能一开始对某种职业没有特别的兴趣，但因为采用了合适的经营方式，做出了成绩，转而爱上了这种职业。

综上，**关于兴趣和职业，我们应把焦点放在如何把工作经营**

得令自己更感兴趣上，这样会更有利于我们的职业发展。

所以，就职业复盘来讲，我们关注的是职业兴趣在你当下的工作中有哪些体现和变化，当你捕捉到了相应的现象和事实，就可以评估当下工作与自己兴趣的匹配度，进而支持自己做出相应的调整。

那我们怎么捕捉现象呢？

职业兴趣一般会从你对待工作内容、工作方式、专业技能的态度和感受上体现出来，所以你要关注自己的感受，把带给你积极、好奇、快乐等体验和感受的事实或时刻找出来、记录下来。它们能够说明工作中有你感兴趣的部分，可以作为你在职业兴趣这个维度上收获的成果。

内在满足隶属于动机要素。人有各式各样的需求，如居住、饮食、安全等外在物质层面的需求，成就、归属、自主等内在心理层面的需求。内在心理层面需求的满足，即内在满足。

比如你的工作可以让你不断突破自我，取得成就感；你可以在工作中与他人建立良好的关系；你能够选择工作内容或者按自己的方式来工作，这些都可能让你感受到内在满足。

如果一份工作可以为你带来内在满足，使你感到内在世界更加丰富、自我价值更高，那么你工作起来就会动力十足，更愿意在这份工作上持续发展。

不同的人对工作往往有不同的内在需求。比如许鸣现在的公司人际关系和谐，同事之间的相处像是大学同学那样，许鸣特别留恋这点；凌霄就更想多一点自主空间，希望自己可以安排工作内容和工作时间。

同一个人对工作往往会有多种内在需求。比如许鸣既渴望和谐的人际关系，也希望能把事情做得越来越好并取得成就。

同一个人的内在需求随着职业发展阶段的变化，也可能会发生变化。凌霄在刚工作那几年，想要把事情做得越来越好的需求很强烈，总是想要尽可能地超越以前的水平或标准，哪怕临近项目交付日期，顶着上司的频繁催促，也要想尽各种办法超越以前的水平。凌霄工作久了，当上部门经理了，这种需求就减弱了许多，而对选择权、主动权的需求就变得很强。

在回顾内在满足这个维度时，不少伙伴会习惯性地描述自己的感觉或感受，比如“同事都比较在意我，我很开心”。但我们的要求是，你要找出满足自己某种内在需求的具体事件，比如“我生日那天，公司在下午茶环节为我准备了蛋糕，十几位同事祝我生日快乐，我很开心、很感动，因为体会到自己是这个大家庭的一员”。

回顾时，既要关注内在需求被满足的感受，也需要记下带给你这种感受的事件，因此，我们填入回顾表格的是事件。

到这里，我们就介绍完了职业发展八维度，同时也举例说明了在回顾每个维度时应该填写什么。接下来，我们就可以进入实操环节了。

2.4
五步完成回顾，拿到通往未来的船票

下表展示了职业复盘的第一个环节——回顾环节对应的表格。

职业复盘					
回顾环节					
四要素	**关键维度**	**预期目标**	**实际收获**	**满意度**	**成效评价**
价值	经济回报				
	职场地位				
资源	外部资源				
	个人资源				
能力	专业能力				
	通用能力				
动机	职业兴趣				
	内在满足				

在职业复盘流程中，我们需要针对每一份工作分别进行回顾和分析。所以，如果你在主业之外还有 n 份副业，那就有两点需要注意。

- 你需要做“$1+n$”次回顾与分析。
- 主业及各副业职业复盘的时间段，开始时间可以不同，但结束时间应该相同，这样便于在调整环节汇总各份工作的改善目标，统筹后续的行动方案。

下面我们来讲解针对一份工作进行回顾的做法。

在开始回顾之前，你需要先做两件事。

- 选择一份工作（主业或副业均可）。
- 选择一个时间段，比如过去半年、一年或两年，将它作为职业复盘的周期。注意，这个时间周期最好在半年到三年之间，时间太短可能找不到多少收获；时间太长，很多事情可能已经失去了指导未来的意义。

回顾过程分为五个步骤。

1）填写职业复盘周期内的预期目标。

2）收集职业发展八个维度上的实际收获。

3）评估每个职业发展维度的满意度。

4）制作职业平衡轮。

5）评价成效。

接下来，我会以许鸣和凌霄为案例来演示回顾过程。许鸣只有主业没有副业，则只针对主业进行回顾。凌霄在主业之外还有一份副业，就需要做两次回顾。

另外有两点需要注意。

- 许鸣和凌霄两个人的数据在某些职业发展维度上可能不完整甚至空白，这是真实且正常的情况，你在进行职业复盘时也可能遇到。

· 针对副业进行回顾时，有些职业发展维度可能会缺失或与主业有不同的含义，如职场地位、外部资源等，这是因为你往往是以非职员的身份做副业。如果你在回顾副业时遇到困难，可参考“安晓辉 2020 年的职业复盘”（见附录 2）。

2.4.1 填写预期目标，重温自己想要什么

在这一步，你要回想之前为每个维度设定的预期目标，并将其填入“预期目标”一列对应的单元格内。

如果某个维度你之前没有关注或未曾设置过预期目标，可以设想如果回到过去，你想要在这个维度上实现什么目标，能想到就填，想不到可以留空。

下面是许鸣填入“预期目标”后的回顾表。

职业复盘					
回顾环节					
四要素	关键维度	预期目标	实际收获	满意度	成效评价
价值	经济回报	年收入 12 万元			
	职场地位	变得更重要			
资源	外部资源				
	个人资源	领导更支持自己的工作			
能力	专业能力	1）精通 C 语言 2）熟悉各种通信规约			
	通用能力	1）提升时间管理能力 2）建立自己的优势			
动机	职业兴趣	探索更感兴趣的事情			
	内在满足				

下面是凌霄的回顾表，主业和副业各一份。

职业复盘					
主业回顾环节					
四要素	关键维度	预期目标	实际收获	满意度	成效评价
价值	经济回报	年收入 30 万元			
	职场地位	总监			
资源	外部资源	得到上下级的认可			
	个人资源	扩展人际关系，包括与大客户管理层和公司总裁级领导的关系			
能力	专业能力	参与业务工作			
	通用能力	把演讲能力打造成竞争优势			
动机	职业兴趣	在工作中探索兴趣点			
	内在满足	获得成就感			

职业复盘					
培训师副业回顾环节					
四要素	关键维度	预期目标	实际收获	满意度	成效评价
价值	经济回报	收入 5 万元			
	职场地位	知名 DISC 培训师			
资源	外部资源	与 3 家培训机构建立合作			
	个人资源	构建稳定的社群服务团队			
能力	专业能力	提升心理学和教练技术			
	通用能力	能够设计优质的课程课件			
动机	职业兴趣	把感兴趣的事情变成工作			
	内在满足	能够帮助更多人通过 DISC 理论改善自己的人际关系			

2.4.2 收集八维度实际收获，让事实说话

整理实际收获这个步骤，可以根据自己的习惯来选择不同的做法，下面介绍两种做法。

第一种做法是，回想过去一个时间段内每个职业发展维度上的实际收获（应为事实或数据，可以没有，也可以有多个），把每个收获的关键词填入回顾表“实际收获”一列对应的单元格内（每一个单元格内可以填写多个收获）。

凌霄采用的就是这种做法。下面是凌霄主业的回顾表。

职业复盘					
主业回顾环节					
四要素	关键维度	预期目标	实际收获	满意度	成效评价
价值	经济回报	年收入 30 万元	1）工资收入 25.2 万元 2）年终奖 5 万元		
	职场地位	总监	晋升部门经理，分管营业部		
资源	外部资源	得到上下级的认可	得到部门大多数下属的支持		
	个人资源	扩展人际关系，包括与大客户管理层和公司总裁级领导的关系	获得 3 个新的大客户的信任，也构建了稳定的战略合作伙伴关系		
能力	专业能力	参与业务工作	1）作为专家，参与新客户系统说明书的编写 2）获得人力资源管理师中级职称		
	通用能力	把演讲能力打造成竞争优势	部门经营分析 PPT 获得了公司领导的高度好评		

续表

职业复盘					
主业回顾环节					
四要素	关键维度	预期目标	实际收获	满意度	成效评价
动机	职业兴趣	在工作中探索兴趣点	发现自己在用PPT汇报工作情况时非常享受		
	内在满足	获得成就感	组织部门完成了上半年的任务，业绩考核排名全公司第二，让自己很有成就感		

下面是凌霄培训师副业的回顾表。

职业复盘					
培训师副业回顾环节					
四要素	关键维度	预期目标	实际收获	满意度	成效评价
价值	经济回报	收入5万元	2万元		
	职场地位	知名DISC培训师	获得DISC行为分析授权证书		
资源	外部资源	与3家培训机构建立合作	参加李海峰DISC培训，取得讲师和顾问双认证，同时成为DISC社群成员		
	个人资源	构建稳定的社群服务团队	1）开办2期个人课程，学员共126名 2）为3家企业客户提供培训服务		
能力	专业能力	提升心理学和教练技术	获得了中国培训师大赛全省第9名		
	通用能力	能够设计优质的课程课件	参加了秋叶PPT班学习		

续表

职业复盘					
培训师副业回顾环节					
四要素	关键维度	预期目标	实际收获	满意度	成效评价
动机	职业兴趣	把感兴趣的事情变成工作	对于授课的过程非常享受		
	内在满足	能够帮助更多人通过 DISC 理论改善自己的人际关系	获得了 20 多名忠实粉丝		

第二种做法分两步完成。

第一步，盘点职业复盘周期内每个维度上比较重要的、有意义的收获，把具体的事件、成果、时间、数据、指标等记录到笔记本或 Word 文档中。

下面的浅色文字是许鸣盘点各个职业发展维度后所做的记录。

经济回报：

2020 年月薪 7200 元，13 薪，年工资收入是 93600 元。2020 年出差 3 次，共 52 天，获得出差补助 5200 元。年总收入为 98800（93600+5200）元。

职场地位：

2020 年 7 月底，在公司内部做了一次 Git 培训，有 30 多位同事参加，更多人知道了自己。

外部资源：

2020 年 2 月底，公司发内部邮件提倡员工在家办公，申请了一台笔记本电脑，领导很快审核通过。

个人资源：

2020 年 3 月，参加了公司财务部门同事组织的线上读书会，围绕提升职场通用技能读书学习，认识了一位新同事并与他结成伙伴，一起学习时间管理，提升做事效率。

专业能力：

1）2020 年 6 月，学习了 IEC 104 通信规约，并能进行简单开发。

2）2020 年 7 月，自学分布式版本控制系统 Git，掌握了 add、commit、push、pull、clone、branch、merge、checkout、rm 等命令的用法，能够使用 Git 做代码版本管理了。

通用能力：

1）与同事一起学习时间管理，了解了多种时间管理方法，开始在工作中运用番茄工作法。

2）2020 年 9 月，参加了一次 PPT 设计训练营，PPT 设计能力有所提升。

3）2020 年 12 月，帮领导设计述职 PPT，顺利完成后，领导肯定了我的 PPT 设计水平。

职业兴趣：

1）2020 年 7 月底，领导安排我给公司同事培训 Git，在准备 PPT 讲义时，我感觉非常投入。

2）培训时站在 30 多位同事面前，教大家学习一种新技能，这跟做软件开发工作很不一样，但是我很喜欢这种感觉。

第二步，浏览每个维度收集整理出来的记录，将其概括提炼为一句简短的描述，填入回顾表“实际收获”一列对应的单元格内。

许鸣浏览了所有记录，提炼出“年收入 98800 元”“给全公司技术人员培训 Git 用法”“申请笔记本电脑获批”“结识一位新同事，共同学习时间管理”“掌握了 IEC 104 通信规约”“掌握了 Git 版本管理工具”“掌握了番茄工作法”“参加 PPT 设计培训”“帮领导设计述职 PPT”“为 Git 培训准备 PPT 讲义”“台前讲授 Git 工具”等关键词。他将其填入表格后，结果如下表所示。

职业复盘					
回顾环节					
四要素	**关键维度**	**预期目标**	**实际收获**	**满意度**	**成效评价**
价值	经济回报	年收入 12 万元	年收入 98800 元		
	职场地位	变得更重要	给全公司技术人员培训 Git 用法		
资源	外部资源		申请笔记本电脑获批		
	个人资源	领导更支持自己的工作	结识一位新同事，共同学习时间管理		
能力	专业能力	1）精通 C 语言 2）熟悉各种通信规约	1）掌握了 IEC 104 通信规约 2）掌握了 Git 版本管理工具		
	通用能力	1）提升时间管理能力 2）建立自己的优势	1）掌握了番茄工作法 2）参加 PPT 设计培训 3）帮领导设计述职 PPT		
动机	职业兴趣	探索更感兴趣的事情	1）为 Git 培训准备 PPT 讲义 2）台前讲授 Git 工具		
	内在满足				

我个人更喜欢第二种做法，一是因为这种做法可以保存事件的详细信息，便于后续分析；二是因为我习惯了写作，记录可以让我更好地思考。

你可以根据自己的习惯选择合适的做法。

2.4.3 评估满意度，看见现实和理想的差距

现在，根据每个维度的收获并结合之前的预期目标，评估你对每个职业发展维度的满意度并打分。分值范围是 0~10 分，分值越大，满意度越高。

根据“预期目标”的状态，打分时会出现以下两类典型情况。

（1）有目标

此时，比较职业发展维度上取得的收获和预期目标，就可以给出一个分值。

（2）没有目标

出现这种情况，可能是因为如下原因。

- 你之前没有想到这个职业发展的维度。
- 想到了，但因为没有明显的不满或不是本阶段发展的重点，你对这个维度不大关注。

此时，如果你在这个维度上有收获，那就以你看到这些收获时感受到的满意或惊喜程度进行打分。如果在该维度上没有收获，你可以给个中间值（4~5 分，表示没有特别满意也没有特别不满

意）。当然，你也可以再体会一下“没有收获”带给你的感受，根据当下的感受来打分。比如，你觉得在该维度应该有重要收获却没有，心里感到特别失落，那可以给 1 分、2 分甚至 0 分。

下面是许鸣打分后的回顾表。

职业复盘					
回顾环节					
四要素	关键维度	预期目标	实际收获	满意度	成效评价
价值	经济回报	年收入 12 万元	年收入 98800 元	7 分	
	职场地位	变得更重要	给全公司技术人员培训 Git 用法	6 分	
资源	外部资源		申请笔记本电脑获批	4 分	
	个人资源	领导更支持自己的工作	结识一位新同事，共同学习时间管理	7 分	
能力	专业能力	1）精通 C 语言 2）熟悉各种通信规约	1）掌握了 IEC 104 通信规约 2）掌握了 Git 版本管理工具	5 分	
	通用能力	1）提升时间管理能力 2）建立自己的优势	1）掌握了番茄工作法 2）参加 PPT 设计培训 3）帮领导设计述职 PPT	6 分	
动机	职业兴趣	探索更感兴趣的事情	1）为 Git 培训准备 PPT 讲义 2）台前讲授 Git 工具	3 分	
	内在满足			4 分	

下面是凌霄的主业回顾表打分情况。

职业复盘					
主业回顾环节					
四要素	关键维度	预期目标	实际收获	满意度	成效评价
价值	经济回报	年收入 30 万元	1）工资收入 25.2 万元 2）年终奖 5 万元	10 分	
	职场地位	总监	晋升部门经理，分管营业部	7 分	
资源	外部资源	得到上下级的认可	得到部门大多数下属的支持	7 分	
	个人资源	扩展人际关系，包括与大客户管理层和公司总裁级领导的关系	获得 3 个新的大客户的信任，也构建了稳定的战略合作伙伴关系	7 分	
能力	专业能力	参与业务工作	1）作为专家，参与新客户系统说明书的编写 2）获得人力资源管理师中级职称	6 分	
	通用能力	把演讲能力打造成竞争优势	部门经营分析 PPT 获得了公司领导的高度好评	7 分	
动机	职业兴趣	在工作中探索兴趣点	发现自己在用 PPT 汇报工作情况时非常享受	4 分	
	内在满足	获得成就感	组织部门完成了上半年的任务，业绩考核排名全公司第二，让自己很有成就感	9 分	

然后是凌霄的培训师副业回顾表打分情况。

职业复盘					
培训师副业回顾环节					
四要素	关键维度	预期目标	实际收获	满意度	成效评价
价值	经济回报	收入 5 万元	2 万元	6 分	
	职场地位	知名 DISC 培训师	获得 DISC 行为分析授权证书	7 分	
资源	外部资源	与 3 家培训机构建立合作	参加李海峰 DISC 培训，取得讲师和顾问双认证，同时成为 DISC 社群成员	5 分	
	个人资源	构建稳定的社群服务团队	1）开办 2 期个人课程，学员共 126 名 2）为 3 家企业客户提供培训服务	5 分	
能力	专业能力	提升心理学和教练技术	获得了某全国范围内的培训师大赛全省第 9 名	5 分	
	通用能力	能够设计优质的课程课件	参加了秋叶 PPT 班学习	8 分	
动机	职业兴趣	把感兴趣的事情变成工作	对于授课的过程非常享受	9 分	
	内在满足	能够帮助更多人通过 DISC 理论改善自己的人际关系	获得了 20 多名忠实粉丝	9 分	

刚刚介绍的 3 个步骤叙述起来感觉非常简单，实际上你在回顾时会遇到很多的挑战。比如预期目标，你可能之前没有设定过，需要"穿越"回过去，给自己找一个合适的目标。再如每个维度的实际收获，时间过去了一年半载，你可能根本想不起来有哪些实际收获。又如满意度打分，给 5 分还是给 6 分，你可能难以决断。

完成上述 3 个步骤，你已经感受到了自己对每个职业发展维度的满意程度。接下来，你可以执行回顾环节的第四步——

制作职业平衡轮。

2.4.4 制作职业平衡轮，一眼看穿哪里应该改变

职业平衡轮是将职业发展的八维度和平衡轮融合在一起形成的一个工具，如下图所示。

绘制职业平衡轮分为两步，第一步是把回顾表格中的满意度分值填进职业平衡轮对应的部分。以许鸣为例，将他的满意度分值填入职业平衡轮后，结果如下。

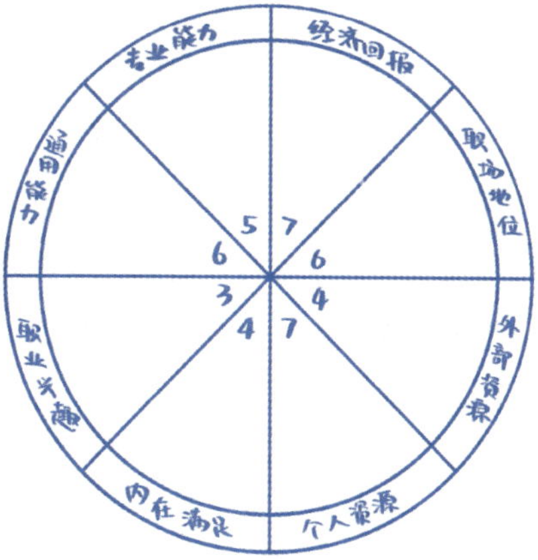

第二步是涂色。每个职业发展维度对应的格子，靠近圆心处表示 0 分，靠近圆周处表示 10 分。你需要根据自己在某个职业发展维度上的满意度得分进行涂色，依次涂完 8 个格子。涂色时，每个格子尽量使用不同颜色的荧光笔或马克笔，这样涂出来的职业平衡轮视觉效果会更好。

下图是许鸣涂色后的职业平衡轮。

为了演示方便，我在制作职业平衡轮时使用了电子版本。所以你在制作职业平衡轮时，可以通过微信公众号“安晓辉生涯”下载模板（后台回复“职业平衡轮”即可下载），将模板打印出来并手动填写涂色。这样做有以下两个额外的好处。

1）在填写满意度分值和涂色时，有机会再次感受自己对某个职业发展维度的满意度，既可以加深印象，又可以在满意度发生变化时及时修正。

2）对于纸质版的职业平衡轮，你可以用两只手拿着纸张两端，然后伸直胳膊，远远地观看涂出来的图形，这可能会带给你新的觉察，比如感知到当前工作发展失衡，感觉到某个维度需要马上改变等。

2.4.5 评价成效，唤醒内在动力

经过上述步骤，你已经知道了自己对每个职业发展维度的满意程度，现在你可以根据预期目标、实际收获和满意度撰写一段简短的话，评价自己这段时间的工作成效。实际操作时，你可以综合考虑预期目标完成度、完成后的实际效果和预期目标间的落差等，然后再组织语言并填写表格。

许鸣完成这一步后，填写的回顾表如下。

职业复盘					
回顾环节					
四要素	关键维度	预期目标	实际收获	满意度	成效评价
价值	经济回报	年收入 12 万元	年收入 98800 元	7 分	工资涨幅距离目标很遥远
	职场地位	变得更重要	给全公司技术人员培训 Git 用法	6 分	工作上不是核心成员，也没有获得晋升，职场地位不高
资源	外部资源		申请笔记本电脑获批	4 分	公司资源支持还算到位，工作开展没问题
	个人资源	领导更支持自己的工作	结识一位新同事，共同学习时间管理	7 分	工作没做出突出成绩，领导不大认可，同事不大信任
能力	专业能力	1）精通 C 语言 2）熟悉各种通信规约	1）掌握了 IEC 104 通信规约 2）掌握了 Git 版本管理工具	5 分	两个目标都没完成好，专业能力提升有限

续表

职业复盘					
回顾环节					
四要素	关键维度	预期目标	实际收获	满意度	成效评价
能力	通用能力	1）提升时间管理能力 2）建立自己的优势	1）掌握了番茄工作法 2）参加 PPT 设计培训 3）帮领导设计述职 PPT	6 分	PPT 设计成了亮点，得到领导和同事的认可，有一点成就感
动机	职业兴趣	探索更感兴趣的事情	1）为 Git 培训准备 PPT 讲义 2）台前讲授 Git 工具	3 分	对本职工作兴趣不高，但对讲课很有兴趣
	内在满足			4 分	工作表现一般，同事关系一般，缺少内在满足

凌霄主业的职业复盘完成这一步后，结果如下表所示。

职业复盘					
主业回顾环节					
四要素	关键维度	预期目标	实际收获	满意度	成效评价
价值	经济回报	年收入 30 万元	1）工资收入 25.2 万元 2）年终奖 5 万元	10 分	收入满意
	职场地位	总监	晋升部门经理，分管营业部	7 分	目标是总监，现在是部门经理，还有差距
资源	外部资源	得到上下级的认可	得到部门大多数下属的支持	7 分	没到期望的理想状态，上下级关系都需要进一步加强

续表

职业复盘					
主业 – 回顾环节					
四要素	关键维度	预期目标	实际收获	满意度	成效评价
资源	个人资源	扩展人际关系，包括与大客户管理层和公司总裁级领导的关系	获得3个新的大客户的信任，也构建了稳定的战略合作伙伴关系	7分	目前的人际资源尚可，但需要扩展更高级的人际资源
能力	专业能力	参与业务工作	1）作为专家，参与新客户系统说明书的编写 2）获得人力资源管理师中级职称	6分	在服务支撑方面自己可谓专家，但在核心业务方面还需要提升专业能力
	通用能力	把演讲能力打造成竞争优势	部门经营分析PPT获得了公司领导的高度好评	7分	演讲能力需要再提升
动机	职业兴趣	在工作中探索兴趣点	发现自己在用PPT汇报工作情况时非常享受	4分	旧的兴趣点已经过去了，新的兴趣点还不够清晰
	内在满足	获得成就感	组织部门完成了上半年的任务，业绩考核排名全公司第二，让自己很有成就感	9分	还未获得成为管理者的成就感

凌霄培训师副业的职业复盘完成这一步后，结果如下表所示。

职业复盘					
培训师副业回顾环节					
四要素	关键维度	预期目标	实际收获	满意度	成效评价
价值	经济回报	收入 5 万元	2 万元	6 分	副业刚刚起步，有收入是一个很大的肯定，但要达到一年 5 万元才是得到认可的基础收入
	职场地位	知名 DISC 训师	获得 DISC 行为分析授权证书	7 分	行业影响力还需要加速提升
资源	外部资源	与 3 家培训机构建立合作	参加李海峰 DISC 培训，取得讲师和顾问双认证，同时成为 DISC 社群成员	5 分	目前还没有签约培训机构，这是发展过程中的极大阻碍
	个人资源	构建稳定的社群服务团队	1）开办 2 期个人课程，学员共 126 名 2）为 3 家企业客户提供培训服务	5 分	个人品牌发展目前取得一定成果，但课程产品还需要研发，运营团队也需要建立
能力	专业能力	提升心理学和教练技术	获得了中国培训师大赛全省第 9 名	5 分	跨过了行业基础要求的门槛
	通用能力	能够设计优质的课程课件	参加了秋叶 PPT 班学习	8 分	PPT 设计制作已经成为强项，但演讲能力还需要提升
动机	职业兴趣	把感兴趣的事情变成工作	对于授课的过程非常享受	9 分	我很享受授课带来的愉悦感
	内在满足	能够帮助更多人通过 DISC 理论改善自己的人际关系	获得了 20 多名忠实粉丝	9 分	粉丝的良好反馈让自己有了更大的信心，期望粉丝量能够早日超过 1 万名

以上就是职业复盘回顾环节的完整做法。

接下来，就请你使用本章介绍的方法，选择一份工作做一次完整的回顾。请你完成回顾之后再阅读后面的章节，这样会更有收获。如果你对回顾环节还有疑惑，可以翻看本书附录，参考完整的职业复盘演示。

要点回顾

⊙ 数量少、维度少、杂乱无章，是我们在回顾时常遭遇的三大困境。

⊙ 职业发展四要素是指价值、资源、能力、动机，它们相互作用，综合决定了一个人的职业发展状况。

- 价值，指工作带给你的外部回报，比如薪水、奖金、社会地位、影响力等。
- 资源，指可以助力你职业发展的各种实体物资和虚拟物资，比如场地、设备、材料、信息、荣誉奖项、知识性作品、职权等。
- 能力是个人完成一项活动所体现出来的综合素质。
- 动机是推动人从事某种活动并朝一个方向前进的内部动力，主要表现为追求某种目标的主观愿望或意向。

⊙ 职业发展的八个维度：经济回报、职场地位、外部资源、个人资源、专业能力、通用能力、职业兴趣、内在满足。

⊙ 回顾流程分为五个步骤。

- 填写职业复盘周期内的预期目标。
- 整理职业发展八个维度上的实际收获。
- 评估每个职业发展维度的满意度。
- 制作职业平衡轮。
- 评价成效。

第3章

CHAPTER 3

分析

—— 知道往哪里发力，让努力更有效率

分析是职业复盘的第二个环节。首先，它采用职业罗盘的二十二方面透视回顾环节收集到的收获，帮助你细致、深入地分析过去、把握现状、思考未来。其次，它用职业转变分析流程引领你明确当前工作的转变方向，拟定战略发展目标。最后，基于战略目标和透视结果，你就能够选择要改善的方面并收集改善的具体目标，为接下来的调整做准备。

分析是承上启下的关键环节，对职业复盘的效果有决定性影响。

本章内容严格按照职业复盘分析环节的具体执行过程设置，基于上一章的回顾结果来展开。如果你还没有完成上一章的回顾作业，强烈建议你先做一次完整的回顾再来阅读本章，这样你才会有更大的收获，并且可以随着阅读进度完成整个分析环节。

分析环节包含以下三个部分。

- 透视分析。
- 职业转变分析。
- 改善分析。

这个环节使用的工具表格如下表所示。

职业复盘									
分析环节									
四要素	关键维度	透视分析		职业转变分析			改善分析（期限）	
		方面	透视	结论	理由	战略目标	是否	具体目标
价值	经济回报	收入来源						
		收入数量						
	职场地位	职等职级						
		业务价值						
资源	外部资源	物资						
		信息						
		政策						
		成长资源						
	个人资源	人际关系						
		成果						
		品牌						

续表

职业复盘								
分析环节								
四要素	关键维度	透视分析		职业转变分析			改善分析（期限）	
		方面	透视	结论	理由	战略目标	是否	具体目标
能力	专业能力	专业理论						
		专业技能						
		项目经验						
	通用能力	功能型技能						
		适应型技能						
动机	职业兴趣	心流体验						
		突破体验						
		好奇体验						
	内在满足	成就需求						
		归属需求						
		自主需求						

3.1 透视分析：扫描你当前工作的好与坏

假设你正在做主业的职业复盘，完成回顾环节后，你发现经济回报这个维度的实际年总收入和预期收入目标之间有明显的差距，你对此较为不满，想进一步提升年总收入。那么，你能想到哪些可以提升收入的方式呢？

比较容易想到的一种方式是涨工资，因为很多公司每年都会普遍涨工资或者给绩效较好的员工涨工资。

另一种容易想到的方式是升职。员工升职之后，公司一般会为其涨工资，使其工资与新职级相匹配。比如，你从助理工程师升职为工程师，或从人事专员升职为人力资源经理时，通常都会伴随明显的工资上涨。

那还有其他能提升收入的方式吗？

假如你知道经济回报这个维度包含“收入来源”，你可能就有了一个新的视角——找找看在当下的工作环境中都有哪些收入来源，这其中有哪些是自己可以争取的。你一了解，发现有岗位津贴、职称津贴、专家津贴、出差补助、通信补助、销售佣金、内部推荐奖金、内部专利奖金等收入来源。那么，你就可以从这些收入来源中筛选出适合自己的，从而找到新的提高收入的方式。

这就是我们做透视分析的方法——将职业发展的关键维度进一步细分，从不同的方面用不同的视角来审视问题。

你可能还记得第 2 章介绍的职业罗盘模型，将其扩充后的完整版如下图所示。

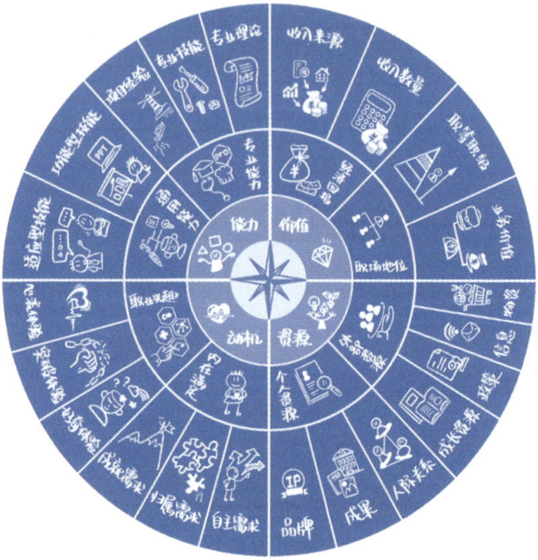

职业罗盘的第三层——职业发展的二十二方面，就是我对职业发展的八维度细分的结果。它们是我基于1600多个咨询案例积累的经验和在生涯发展领域的一些既有成果总结而来，能够有效地帮助你分析现状、探索未来。

我们先了解这二十二个方面，然后再基于它们进行透视分析。

3.1.1 理解透视工具——职业罗盘的二十二方面

现在我将分维度逐一介绍二十二方面，帮助你充分理解它们的具体含义。

（1）经济回报

经济回报包括收入来源和收入数量两个重要方面。

收入来源指当前这份工作所带来的各种不同的收入项，如工资、奖金、津贴、出差补助、公积金、销售佣金、股票分红等。

收入数量指每个收入来源对应的收入多少，如工资120000元，奖金30000元等。

比如，许鸣的收入来源主要是工资和出差补助。工资是固定的，每个月7200元，一年发13个月工资，合计就是93600元。出差补助是动态的，根据出差天数计算而来，许鸣2020年获得出差补助5200元。

凌霄的收入来源主要是工资和绩效奖金。工资每个月18000元，一年发14个月工资，合计就是252000元。绩效奖金是根据部门业绩情况发放，凌霄2020年实发了5万余元的奖金。

理解了收入来源和收入数量这两个概念后，你可以重新回顾一下自己所在的工作环境，看看有没有之前忽视的收入来源，或者有没有哪个收入来源对应的收入数量可以进一步提升。经过这样的分析，你也许就可以找到新的收入提升方式。

（2）职场地位

职场地位指个人在职场上的重要性，可以从职等职级和业务价值两个重要方面来衡量。

职等职级是职等和职级两个概念的合称。

职等是针对岗位的等级划分，不同业务部门或职能部门下的岗位可依据职等进行横向比较。比如很多公司的财务经理、销售经理、人力资源经理、客服经理，就属于同一职等，销售总监、技术总监、内容总监，往往也属于同一职等。

职等越高，职场地位往往就越高。

职级是从工作能力或薪资维度对同一岗位所做的级别定义。比如有些公司的销售代表岗位分为普通销售代表、中级销售代表、高级销售代表三个职级，有些公司的研发工程师岗位分为助理工程师、工程师、高级工程师三个职级。

同一岗位，职级越高，职场地位往往就越高。

我们所说的晋升，通常就是指职等职级方面的晋升，这是职业发展的显著成果，最易分辨，只要你熟悉所在公司的职等职级体系，就可以快速找到自己在晋升方面的具体目标。

业务价值指你所做的业务（项目或事务）的价值，价值越大，职场地位越高。

你可以从两个层面来判断自己所做业务价值的大小。

一是从部门层面来看，你所做的事情在部门内是否重要，是不是核心。比如同样是软件开发工程师，A负责后端架构设计，

B 负责前端网页编写，A 所做的事情就比 B 更重要，价值更大。又如 X 公司人力资源部的员工培训与发展主管 M 和绩效考核主管 N，两人的职等职级一样，但 X 公司的领导更看重绩效，所以 N 所负责的工作就比 M 重要，价值也更大。

二是从公司层面来看，你所在的部门是不是公司内的核心部门。一般来说，一家公司的核心部门相较非核心部门，其业务价值会更大一些。因此，你所在的部门越核心，你所做业务的价值就可能越大。比如在一家品牌创意公司，品牌策划部比包装设计部更核心，如果你是品牌策划部的品牌设计师，你所做的事情的价值通常比包装设计部的产品包装设计师所做的事情的价值更大。

如果你希望通过做重要的业务来让自己变得越来越重要，下面这两条建议值得你参考。

- **积极进入公司的核心业务部门。**
- **不管在什么部门，努力争取做更核心的工作。**

如果你的主业是作为雇员为某家公司工作，那职等职级和业务价值这两个方面往往是同时存在的，你通过感觉和调研就能知道自己在这两方面的情况，就能感知到自己的职场地位如何。如果你觉得有必要提升职场地位，那就可以在晋升方面或业务重要性方面给自己设定目标。

如果你正在分析的是副业，可能没办法像分析主业那样来分析这两个方面。因为多数为你提供副业机会的公司或个人，只是外包一部分工作给你，不会给你提供“正式职位”，自然就不涉及职等职级的调整。

在这种情况下，如果你还想提升自己的“职场地位”，可以将某些能表明你等级的指标、事情，作为接下来努力的目标。

比如 K 的副业是为某知识服务平台的课程配音，K 现在的服务价格是每千字 50 元，平台对外公开的配音服务价格是每千字 50~80 元，那 K 就可以将“每千字 70 元”或“每千字 80 元”设定为自己下一阶段努力的目标。

还有一种工作形式——“个人 + 平台”，对于这种工作形式，我们也不能直接用“职等职级”和“业务价值”来衡量工作者的“职场地位”。

比如我作为个人，借助知乎平台来工作，为客户提供免费问答、付费咨询和收费课程等服务。可我不属于知乎的员工，没有“职等职级”和“业务价值”可以参考。但知乎设计了很多“社交资本”来区分创作者的重要程度，比如关注者数量、优秀答主、编辑推荐、知乎日报收录、赞同数、收藏数等，这些社交资本可以跟“职等职级”类比。知乎还经常组织一些官方活动，推荐平台认为具备高价值或高潜力的业务，创作者参与这些官方活动，其实就是在尝试提高自己所做业务的价值。明确了对应关系，按照“职等职级”和“业务价值”这两个方面来收集改善目标就依然是可行的。2020 年职业复盘时，我就从“社交资本”出发，给自己在知乎上的工作设定了“粉丝数 18 万”的目标；同时我还从“业务价值”出发，给自己设定了“参与 5 个知乎官方项目”的目标。

现在，你可以试着从职等职级和业务价值这两个方面分析自己在职场地位维度上的情况。

（3）外部资源

外部资源包括物资、信息、政策和成长资源四个方面。

物资是指公司（或更大的平台）提供的支持你正常开展工作的各种物质资料，如场地、材料、设备、工具等。

如果你是一名手机 App 测试工程师，你就需要各种品牌、各种型号的智能手机，公司能提供这些手机，保障你的工作顺利开展，就意味着你在设备方面得到了支持。

如果你是一名视频剪辑师，你通常需要有专业的视频剪辑软件才能开展工作，如果公司不愿意付费购买软件授权，那就意味着你在工具方面没有得到足够的支持。

许鸣 2020 年为了实现在家办公，申请笔记本电脑获批，说明许鸣的公司在物资方面可以充分支持员工，助力员工开展工作。

信息是指公司（或更大的平台）所创造或拥有的影响个人工作发展的各类信息，如行业动态、竞品消息、公司战略规划、产品信息、技术资料、岗位变动、客户名录、用户数据、解决方案、招聘计划等。

有时你较早知道某些信息，可能会给工作带来重大转变。

比如你所在公司的一个核心业务部门有位员工离职，空缺了一个关键岗位，该部门打算内部招聘。如果你比一般员工早两天知道这个消息，就可能多两天时间提前准备，赢得这个岗位的可能性就更大。

有时你缺少某些信息，工作就可能难以顺利开展。

比如你是一名售前顾问，要给客户提供技术方案。如果公司研发部门不提供关键技术信息，你的方案就很可能缺乏说服力，影响客户对你和公司的信任，进而影响商务关系的建立。

由此可见，**关于信息，关键是建立收集信息的渠道，让自己能够及时了解到与工作有关的各类信息，辅助自己做出各种决策。**

政策是我们考虑职业发展时比较容易忽视的一个方面，但它非常重要，极有可能会对我们的职业发展产生深刻影响。

2021 年中共中央办公厅、国务院办公厅印发的《关于进一步减轻义务教育阶段学生作业负担和校外培训负担的意见》就是一种政策，这对 K12（Kindergarten Through Twelfth Grade，学前教育至高中教育）领域的很多公司产生了重大影响。在这些公司工作的员工就应该了解相关的政策，根据其可能产生的影响调整自己的工作方向。

比如公务员考试就有一条与年龄相关的政策——“18 周岁以上、35 周岁以下，应届毕业硕士研究生和博士研究生（非在职）年龄可放宽到 40 周岁以下。”想要转型做公务员的职场人士，就要根据它来做出自己的选择和规划。

除了这些大的外部政策，公司的一些规章制度也会影响我们的职业发展，比如你所在公司的晋升机制、答辩流程、绩效考核体系等。

所以，我们要意识到政策的重要性，积极了解宏观政策和公司内部的各种流程与机制，结合它们来调整、规划我们的工作方向。

成长资源是平台提供的、帮助你在各方面成长的机会。比如公司针对某些专项技能、工作流程或通用能力的培训；完善的项目资料、教程；行业峰会的交流机会；国外进修的机会；公司为你指定的导师，你在工作中遇到困难时可以向他们请求帮助；等等。

成长资源越多，你的能力提升就可能越快，就可能越快取得工作成效。

争取某个培训机会，请求上司为你在某个业务领域指定一位导师……都是你在工作中可以尝试的事情。

（4）个人资源

典型的个人资源包括人际关系、成果和品牌三个方面。

很多人看到“人际关系”，都能明白它的具体内涵，可真的要弄明白并理解怎么构建职场人际关系，却又比较困难。实际上，**职场人际关系可以分成工作关系、成长关系和战略关系三类。**

工作关系是围绕你的工作内容和职位建立起来的，目的是满足工作运营的需要。

比如你和上级、平级同事、下属，以及业务关联部门有工作来往的同事、客户等的关系，就是工作关系。这种关系往往是由组织和工作决定的，你对这种关系的主导性和影响力都比较弱。工作关系相对来讲比较容易变化，比如因临时项目而形成的工作关系，在项目结束时工作关系可能就会结束；你在 A 公司天天见面有的同事，可能你一离职就再也不会联系。

凌霄在晋升为部门经理后，就因编制预算等工作与财务经理建立了工作关系，还因业务往来与业务发展部、企划部、培训部等部门的经理建立了工作关系。

成长关系是你在职场环境下围绕个人成长建立的关系，其目的不是为了某项工作的顺利开展，而是为了在某个专业领域里持续发展进步。

成长关系有可能是从工作关系发展出来的。比如你发现一起做项目的某位同事在某个方面特别精通，你主动找他做“导师”，经常一起交流、讨论，因此建立了超越工作关系的个人关系，那和这位同事的关系对于你来说就是成长关系。

成长关系也可能是在非工作环境中建立起来的。比如你因为参加管理技能培训而结识了公司其他部门的某一位同事，后续你们围绕着培训内容和管理技能持续交流互动、一起学习，慢慢成了彼此的成长伙伴。

比如，许鸣就因为同事组织的线上读书会而发展了一位成长伙伴，和他一起学习时间管理。

相比工作关系的被动性，成长关系往往是你主动建立的，你对这种关系有比较强的主导性和影响力。同时，成长关系因为脱离了工作任务，不会随工作和职位变动而变化，通常会比工作关系更长久。

战略关系是指在未来发展道路上可以帮助你的关系。你往往能从战略关系中获得战略性意见、信息、资源或机会，但反过来，你也需要在必要时向他人提供支持。所以，战略关系从本质上讲是一种互惠互利的关系。

有些战略关系来自企业内部，比如前面提到的杜拉拉，和何好德的关系，就是杜拉拉在企业内部的战略关系，这段关系给了她很多帮助。

有些战略关系来自外部的产业环境，比如我在 2016 年同一位朋友建立的战略关系。那位朋友来自我当时所在公司的外部，他经营了一家为高科技企业提供人力资源服务的公司。后来，我们合作做过线下活动，也合作过 IT 领域的人力资源项目。

要建立并维持一个良好的战略关系网络，你往往需要参加较多工作以外的活动，主动展示自己的价值和需要，积极接触合适的人。

成果是指个人在工作或事业上取得的成就。

成果的含义相当广泛，一个软件产品、一次会议、一栋建筑、一款手机、一张海报、一本教材、一个高规格比赛的名次、一篇专利等，都可以看作成果。程序员的代码，医生填写的病历，产品经理的原型图，售前工程师的解决方案，室内设计师的设计图，财务人员的报表，人力资源经理的人力资源分析报告等，都是工作成果，甚至你的日报、周报、工作总结、晋升答辩 PPT、会议记录也可以看作成果。总之，你作为主要角色或主导角色参与的项目、工程、活动等，你在执行工作任务时所产生的各种“输出”，你基于工作体会和经验转化出来的知识性作品，你参加各种比赛性质的活动所获得的奖项与名次等，都属于成果。

在职场中，大部分人都要靠成果吃饭，用成果来证明自己的工作能力。你要获得别人的认可、信任，最好的方式就是创造有代表性的成果，让别人经由你的外在成果看出你能做什么、工作能力如何。

成果会自己“说话”，且效果远胜过你的千言万语。

好的成果就是你的资源，可以为你带来新的资源和机会。

李开复就是因为他的作品——“非特定人连续语音识别系统”和相关的学术论文而被苹果公司发现。他因此离开了学术界，进入了工程界，改变了职业轨迹。

张小龙就是因为他的工作成果——Foxmail 而被人熟知。Foxmail 被腾讯收购后，他又打造了——微信。

你的公司一定有不少同事在打造了好成果（某一个项目、某一个方案、某一次活动等）后，赢得了更多、更好的机会。

如果你想要在职场上脱颖而出，也可以尝试着打造自己的代表成果。

我们这里说的品牌是指职场中的个人品牌，它是个人在工作中显示出的个人价值，就像企业品牌、产品品牌一样，个人品牌也拥有知名度、信誉度和忠诚度。

当你拥有个人品牌时，提到你的名字，即使不提你的职位、职务或工作角色，大家也知道你是谁，你的专长是什么，你有什么样的“标签”。

比如你擅长 PPT 设计，企业产品的宣讲模板、领导述职的 PPT 都是你设计的，企业里的人提起做 PPT，第一个想到的就是你，公认你是这方面的能手，那你就是一个有职场个人品牌的人，你的标签就是“PPT 设计”。

我原来是程序员，2009—2014 年一直在使用 Qt 技术做智能电视盒子，在 Qt 应用开发方面积累了丰富的知识和经验。部门的同事遇到 Qt 相关的问题都会找我咨询，公司的人也都知道我在 Qt 应用开发方面很厉害。那时，我在公司的个人标签就是“Qt 专家”，而且这个标签是基于专长、才华的，不是基于职位。

简单地讲，**职场中的个人品牌是你在职务之外，基于专长、才华或个性建立的独特标签。**

一旦你建立了个人品牌，你的职场可见度与影响力都会大幅提升。比如你在公文写作方面建立了个人品牌，但凡有人要写正式场合的汇报材料、宣传材料，就都可能想到你，都可能找你咨询；你在心脏搭桥手术方面建立了个人品牌，只要有相关的疑难杂症，大家就都容易想到你，想要你参与会诊。

拥有个人品牌意味着你是某个细分方向的“头部”，而在公司内部，资源和机会都会自然而然地向“头部”倾斜，比如设备、信息、资金、升职、加薪、奖励、荣誉等，甚至在公司外部，你也会获得更多的机会，比如更好的平台、额外的工作机会、行业会议上的分享等。资源和机会具有马太效应，会帮你吸引更多的资源和机会。

个人品牌还可以显著提升你的成就感和幸福感。

综上，个人品牌是一种强大的个人资源，值得你投入尽可能多的精力去打造。

可能你会觉得，个人品牌是要变得很厉害、成为专家以后才会有的，离自己还比较遥远。实际上，**个人品牌的塑造，不是在你已经成为某个领域的专家以后才开始的，而是在你自我提升的过程中就应该拥有的一种意识和能力。**假如你不能抓住机会展示自己，让别人看见你、认可你，那你可能就没有机会成为关键项目的参与者和主导者，就无法进一步锻炼自己的能力，从而很难成为“厉害的人”。所以，你要有个人品牌意识，设计一些策略，在日常工作中寻找机会展示自己。

现在，你可以从人际关系、成果和品牌这三个方面出发来审视自己在个人资源方面的表现，你的感受肯定和回顾环节中的不同。

（5）专业能力

专业能力包括专业理论、专业技能和项目经验三个方面。当你想要提升专业能力时，可以从这三个方面入手。

专业理论是指某个专业领域内的概念、原理、方法和框架等。比如与 GDP 相关的各种概念、凯恩斯理论、IS-LM 模型、奥肯定律等，就属于宏观经济学领域的专业理论；微机原理、操作系统原理、二叉树、最高响应比优先算法、TCP/IP 网络、图论、模式识别等，就是软件开发相关的专业理论。

有人觉得专业理论在实际工作中的用处不大，实际上，专业理论有以下作用。

- 专业理论可以帮助你更好地理解并掌握工作中用到的专业技能。
- 专业理论可以帮助你建立一套语言系统和一种思维方式，让你更好地与专业人士沟通交流，建立顺畅的协作关系。
- 专业理论可以让你更好地理解专业问题，为你分析和解决更深刻、更复杂的问题奠定基础。
- 专业理论可以支持你在专业方向有更长远的发展。

所以，我们就要在专业理论方面多做提升，将根扎得足够深，枝叶才能生长得足够茂盛。

上一章中，许鸣在回顾“专业能力”维度时提到的“IEC 104 通信规约”，就可以归入专业理论方面。

技能指掌握和运用专门技术的能力，**专业技能指专门针对某一种工作的技能。**

比如会计员记账，医生解释心电图结果，软件开发工程师编写代码等。专业技能的背后往往隐藏着各式各样的专业理论，理解专业理论有助于你更好地理解和应用专业技能。

熟练程度是很多专业技能的评价标准。德雷福斯模型根据人对某项专业技能的掌握水平，将使用某项专业技能的人分为新手、高级新手、胜任者、精通者和专家5个层次，并给出了每个层次的技能表现。（关注微信公众号“安晓辉生涯”，后台回复“德雷福斯模型”，获取德雷福斯模型的详细解读。）这种划分有助于你评估自己在专业技能上的发展层次，指导自己获得进一步提升。

未来是专业主义时代，专业技能是你在职场中立足的基础，在很大程度上决定了你能做出什么样的成就以及能走多远。

比如，许鸣掌握了新的版本管理工具Git，这就属于专业技能方面的提升；一位呼吸内科医生原本不会诊断慢性呼吸衰竭，现在熟练掌握了慢性呼吸衰竭的诊断与治疗，这就是专业技能方面的重要突破。

项目经验在当前语境中，指你在实际参与的、可以表现你专业技能水平的工作项目中获取的经验。如果你求职时应聘过专业类岗位，很可能在简历中写过类似“参与过某政府部门的政务信息化项目”“参与过某小学的平安校园项目”“参与过某地区给排水改造项目”的信息，用于说明你在专业方面的能力。

丰富的项目经验，一方面可以说明你的专业能力，另一方面也意味着你后续在处理类似项目时有更大概率取得更好的成效。

从专业提升角度来看，项目的一个重要作用是锻炼专业技能。所以你后续在收集改善目标时，要多关注那些你能够担任重要角色的、自身技能水平可以得到应用和提升的项目。

比如许鸣就为了提升通信规约方面的能力，定下了“参与核心项目 Modbus 转 IEC 61850”的目标。

比如我在 2020 年做职业复盘时就定下了“上线职业复盘课”“公开出版职业转型书”等目标，为的是提升课程设计、职业咨询等能力。

以上就是专业能力这一职业发展维度的三个方面，你可以参考每个方面的说明及例子，明确自己在这个维度上的收获与不足。

（6）通用能力

通用能力可以分为功能型技能和适应型技能两类。

功能型技能指用来完成常规工作任务和履行工作职责，但不专门针对某些专业工作的技能，如制订计划、收集信息、分析问题、分解目标、组织会议、制作思维导图等。许鸣在回顾时列出的 PPT 设计也属于功能型技能。

功能型技能一方面可以帮助我们完成常规任务和履行工作职责，另一方面也可以支撑我们顺利开展专业性工作。比如一位品牌策划人员要完成一份策划案，就需要用到收集信息这项技能来了解品牌相关的各种知识，也需要分解目标、制订计划这样的技能来管理这个策划案项目。

适应型技指可以帮助个人进行自我管理以适应外部环境的个性品质或软技能，如快速学习、关注细节、任务导向、自我引导、合作、与人相处、情绪管理、时间管理、自我觉察、积极主动、倾听等。

提升适应型技能可以让我们更好地适应职场环境，让我们更好地发展功能型技能和专业技能，对我们的职业发展很有帮助。

比如我在进行 2020 年的职业复盘时，发现自己的情绪管理能力不足，经常因为别人对我所做事情的评价而郁闷、生气，我于是定了下“掌握情绪 ABC 理论，提升情绪管理能力”的目标。如果我的情绪管理能力因此提升了，那我后续做事情时就可以更好地应对外部评价，减少自我消耗，更加高效地完成工作。

（7）职业兴趣

在上一章介绍职业兴趣这个维度时，我指出你可以收集带给你积极、好奇、快乐等体验和感受的事实或时刻作为实际收获。这些实际收获可以归类到心流体验、突破体验和好奇体验三个方面。

“心流”是由心理学家米哈里·契克森米哈赖定义的一种心理状态。进入心流状态的人通常会有如下表现。

- 全神贯注，完全投入。
- 感受到乐趣（可能是事后回想时觉得很有趣）。
- 内心清明，知道做什么以及如何做。
- 掌控自如。
- 时间感发生变化，感觉时间似乎静止了，或者觉得时间倏忽而逝。

心流体验常常出现在你从事一项挑战与技能匹配的活动中，比如准备教案、演讲、编写代码、弹奏曲子、绘画、攀岩等。

我在阅读、整理文章大纲和写作等活动中经常体验到心流。

许鸣在为 Git 培训设计 PPT 讲义时非常投入，进入了心流状态。

你可以根据上面的描述，分辨回顾环节收集到的成果是否属于心流体验。你也可以重新盘点过去，找到工作中令你产生心流体验的活动。

经常有心流体验有助于提升工作幸福感和满意度，也有助于提升技能。你可以通过为自己争取或设计与技能水平相当的工作任务来尝试进入心流状态。

突破体验指你通过做以前从没做过的事情突破了自我，产生了振奋、欣慰、舒服、愉悦、满足、惊喜、自信等体验。

比如你从未在人前公开演讲过，因为要竞聘项目经理，你完成了第一次演讲，收获了满堂掌声。虽然没能当选项目经理，但你仍感到喜出望外、成就满满，这次经历就属于突破体验。

比如上司安排你带一个实习生，你用一周的时间手把手教他使用部门的数据分析工具，看到他顺利完成了第一份数据分析报告，你感到满足、欣慰，听到他叫你“师父”觉得特别开心，这也属于突破体验。

你在工作中可能会经历各种各样的“第一次”，那些令你有“原来我还可以这样”的感觉的事情，就可以归类为突破体验。

比如许鸣给公司同事讲 Git 用法，他第一次站在公众面前讲课，产生了和编写代码完全不一样的感觉，事后还感到有点喜欢这种感觉，这就属于突破体验。

好奇体验指你在好奇心的牵引下去了解、探索、体验了某些事物。如果你的工作中经常出现好奇体验，那很可能你对这份工作比较感兴趣。

比如，公司推出了一项新服务，你想知道它有什么价值、什么样的用户会购买，进而去收集了若干信息；部门引进了一项新技术，你想了解它应该怎么运用、能给部门带来什么改变，于是自己先在工作中尝试了一番；用户寄来了感谢信，你想知道公司的什么服务在什么场景下给这位用户带来了深刻体验，于是迫不及待地拆阅……这些好奇体验是你对工作感兴趣的有力证明。

如果你原本对工作没有明显的兴趣，想要进行改善，那么保持好奇心、创造好奇体验，可能会带来令你惊喜的变化。

理解了心流体验、突破体验、好奇体验这三个方面的具体含义，现在你可以尝试着重新检索分析过去的工作，看看有没有什么新发现。

（8）内在满足

个人感到内在满足，常常是因为成就需求、归属需求和自主需求这三种基本的心理需求得到了满足。换言之，一份工作能够满足你的成就需求、归属需求和自主需求，就会给你带来内在满足。

成就需求是指人们想要尽快且尽可能地把事情做好的一种欲望或倾向。成就需求强烈的人会持续追求某种能表现事业成就的目标，在做事时自发地高标准、严要求，力求超越过去的水平或自己所持有的优秀标准。篮球名人乔丹、足球名人梅西的成就需求就很强。

华为、腾讯、阿里巴巴、百度等公司，都鼓励员工将工作中的创新、创造发明等申请为专利。我在阿里巴巴工作的一位朋友，迄今为止已经申请了6项专利。朋友说，他会尝试努力获取更多专利，专利是他个人成就的绝佳证明。对他来讲，这些专利就可以归类为成就需求方面的成果。

归属需求是人们希望与他人发生连接的渴望，是一种相互交往、相互支持、相互在意、相互尊重的需要。归属需求较高的人，追求人与人之间的友谊和信赖，喜欢合作而不是竞争，希望跟人建立友好亲密的关系，希望团队接纳自己。

许鸣大学毕业选择工作机会时，放弃了几个薪水更高的工作，选择了现在的公司，就是因为学长学姐说这家公司的人际氛围很好。在许鸣的决策过程中，对归属需求的渴望起到了关键作用。进入公司后，在为期一个月的新人培训中，许鸣和4位负责培训的老员工及本部门的另外3位新人建立了比较亲密的关系，许鸣有种“自己不是一个人在战斗”的感觉，觉得自己成了公司的一员。

参考许鸣的例子，如果你将来想要在工作中收获归属感，那就可以想想看做哪些事情可以加强你与团队成员的关系，让他们更愿意接纳你。

自主需求是指人们希望自己的行为是自发的，完全出自自己的选择，而不是被迫为之。它强调的是人们对主动权和选择权的感受。人们在工作中对自主需求的追求会体现在工作时间、工作内容、工作方法、工作团队等几个方面。当人们感到自己是在自主做事时，会更有积极性、创造性，效率会大大提高。

谷歌有一种“20% 时间”的工作方式，允许工程师拿出 20% 的时间来研究自己喜欢的项目。语音服务（Google Now）、谷歌新闻（Google News）、谷歌邮件（Gmail）等，都是“20% 时间”的产物。这个制度成功的关键就在于满足了工程师的自主需求。

凌霄晋升为部门经理后，感到自己和团队都成了 KPI 的“奴隶”，为了 KPI 疲于奔命，许多想做的事情一推再推，没时间做。凌霄希望每周有一些时间来做自己喜欢的事情，还希望在上下班时间上有一定的自主权，以方便照顾家里。这些都是对自主需求的渴望。

在下一个职业复盘周期内，如果凌霄可以采取一些策略，说服公司给自己的团队留一定的自主空间来做探索性的项目，那就算是在自主需求方面取得了成果。

你可以琢磨能给自己带来内在满足的三个方面，分辨一下自己更想获得哪方面的满足，思考接下来在工作中可以做哪些相关的事情。

到这里，我们就把职业发展的二十二个方面都详细介绍完了。如果你现在还不能完全理解它们也没关系，后面在执行透视操作时还可以复习。

3.1.2 透视每个方面，找到你的改变切入点

职业发展的二十二方面组合在一起，构成了我们透视分析的

工具。其中的每个方面都是一个具体的视角，可以引领我们用专业细致的方式观察分析当前的职业发展情况。

在这一步，你要逐一审视每个方面，根据自己的情况完成下面的操作。

- 检索过往的工作经历，看看自己在各个方面有没有收获、有哪些收获。
- 结合职业发展维度的目标，明确差距与不足。
- 思考造成差距的原因。
- 评价各个方面的发展状况。
- 反思可能的改善方向。

然后，请你写一段简短的评述，填入分析表格。

完成这件事有一定难度，但它非常值得你去做，因为它不但让你对自己的职业发展状况有更详细的了解，同时也为拟订接下来的发展策略积累了素材，奠定了基础。

下面是许鸣完成这一步后的分析表。

职业复盘								
分析环节								
四要素	关键维度	透视分析		职业转变分析			改善分析（期限）	
		方面	透视	结论	理由	战略目标	是否	具体目标
价值	经济回报	收入来源	只关注了工资和出差补助，没想到其他来源，需要进一步了解					
		收入数量	要涨工资才能实现目标					
	职场地位	职等职级	两年没晋升，目前看来只有晋升才能大幅涨工资，接下来要围绕晋升来开展工作					
		业务价值	现在做的都是不重要的小项目，要努力进入核心项目组					
资源	外部资源	物资	公司的物资保障是可以的					
		信息	目前不缺少信息					
		政策	公司的政策透明，现状尚可					
		成长资源	公司提供的培训学习机会少，需要争取					
	个人资源	人际关系	领导不大认可，团队信任度也一般，需要重点改善					
		成果	目前没有突出的工作成果，接下来要做重点项目，做出成绩证明自己					
		品牌	现在没有个人品牌，应先积累成果					

续表

职业复盘								
分析环节								
四要素	关键维度	透视分析		职业转变分析			改善分析（期限）	
		方面	透视	结论	理由	战略目标	是否	具体目标
能力	专业能力	专业理论	编程方面以完成任务为主，没有主动提升，接下来要学习算法和设计模式					
		专业技能	需要多掌握几种通信规约，多做项目，快速提升技能					
		项目经验	要参与重点的、有挑战的项目					
	通用能力	功能型技能	PPT 设计收到不错的反馈，在这方面继续努力					
		适应型技能	个人成长缓慢，可能是因为适应型技能不够，得想办法提升					
动机	职业兴趣	心流体验	设计 PPT 有心流体验，继续投入					
		突破体验	给同事培训 Git 用法算是突破体验，讲课可能成为兴趣，应找机会多尝试					
		好奇体验	要提升对工作事务的好奇心					
	内在满足	成就需求	要想办法在本职工作上创造成就					
		归属需求	先维持现状，目前的工作重点不在这里					
		自主需求	现在的工作能力不强，因此重点不在这里					

下面是凌霄完成主业透视分析后的分析表。

职业复盘

主业分析环节

四要素	关键维度	透视分析		职业转变分析			改善分析（期限）	
		方面	透视	结论	理由	战略目标	是否	具体目标
价值	经济回报	收入来源	满足当前需求					
		收入数量	满足当前需求					
	职场地位	职等职级	对于晋升总监的期望越来越强烈					
		业务价值	想跳出支撑部门，进入业务部门					
资源	外部资源	物资	目前的物资能保障发展需要					
		信息	目前信息获取的渠道稳定					
		政策	大环境政策稳定，公司发展也有广阔前景					
		成长资源	资源相对丰富，但自己还未进一步获取资源					
	个人资源	人际关系	内部对下的人际关系资源相对丰富，对上的资源不够丰富，平级的人际关系需要加强。外部的行业人际关系需要扩张，也需要寻找到新的榜样或导师					
		成果	管理部门还没有取得里程碑式的成果；自己作为部门经理也还没有大的成就，需要继续努力					
		品牌	自己在公司有一定影响力，但在行业内还没有，需要循序渐进、逐步积累					

续表

职业复盘									
主业分析环节									
四要素	关键维度	透视分析		职业转变分析			改善分析（期限）	
		方面	透视	结论	理由	战略目标	是否	具体目标
能力	专业能力	专业理论	经济师的理论知识要提高					
		专业技能	经济师方面的专业技能要提高					
		项目经验	积极进入公司重要的业务项目组					
	通用能力	功能型技能	PPT 制作是自己目前的一个加分项					
		适应型技能	演讲能力需要增强					
动机	职业兴趣	心流体验	对心流体验很向往					
		突破体验	目前工作中经常获得这种体验					
		好奇体验	有一些好奇的地方，但在这方面自己好像并没有太多需求					
	内在满足	成就需求	目前非常期望能够带领部门完成任务，获得里程碑式的集体成就					
		归属需求	目前在公司有归属感，也很珍惜自己的小团队					
		自主需求	满足当前需求					

下面是凌霄培训师副业的分析表。

职业复盘									
培训师副业分析环节									
四要素	关键维度	透视分析		职业转变分析			改善分析（期限）	
		方面	透视	结论	理由	战略目标	是否	具体目标
价值	经济回报	收入来源	目前企业培训和个人训练营的收入都不足，需要建立更好的体系					
		收入数量	还不能达到自己的期望目标					
	职场地位	职等职级	只是基础讲师，需要努力提高自己的行业影响力					
		业务价值	DISC 是对企业和个人很有用的理论工具，市场需求很大					
资源	外部资源	物资	这个阶段的物资需求并不大，目前能够满足					
		信息	已经加入培训师的几个社群，行业信息畅通					
		政策	业务的需求和发展很有前景，自己对培训行业有信心					
		成长资源	市场上的资源丰富，能够满足需要					
	个人资源	人际关系	在内部，自己需要有合作的团队；在外部，需要认识更多培训师					
		成果	完成版权课程设计，这是近阶段一个里程碑式的成就					
		品牌	要想建立个人品牌，还需要专业机构带来更多曝光和流量					

续表

职业复盘								
培训师副业分析环节								
四要素	关键维度	透视分析		职业转变分析			改善分析（期限）	
		方面	透视	结论	理由	战略目标	是否	具体目标
能力	专业能力	专业理论	作为培训师，需要学习和提升教练技术					
		专业技能	对于DISC测评，自己还需要完成更多的解读报告					
		项目经验	需要进行更多的授课实践，增加自己的授课经验					
	通用能力	功能型技能	PPT设计与制作已成为自己的加分项					
		适应型技能	需要提升文字表达能力和演讲能力					
动机	职业兴趣	心流体验	培训师的工作常给自己带来心流体验					
		突破体验	培训师的工作常给自己带来心流体验					
		好奇体验	培训师的工作常给自己带来心流体验					
	内在满足	成就需求	期望能够早日完成自己设计的课程					
		归属需求	培训师行业的包容性很强，自己有归属感					
		自主需求	培训师的自主性非常强					

你可以参考许鸣和凌霄的透视分析来完成自己的分析。我建议你完成这一步后再往下阅读，因为职业转变分析是以这一步的结果为基础的。

3.2 职业转变分析：明确接下来的发展方向

当你从职业发展的二十二方面透视分析了现状之后，就会面临以下两个重要问题。

- 是否继续当前工作？
- 如果不继续，接下来怎么办？

这两个问题对应的是一个重要的战略决策，如果做错了选择，可能会导致浪费大量时间、精力，还可能会付出昂贵的机会成本。为了帮助你做出理性选择，我设计了一个决策流程——职业转变分析流程，如下图所示。

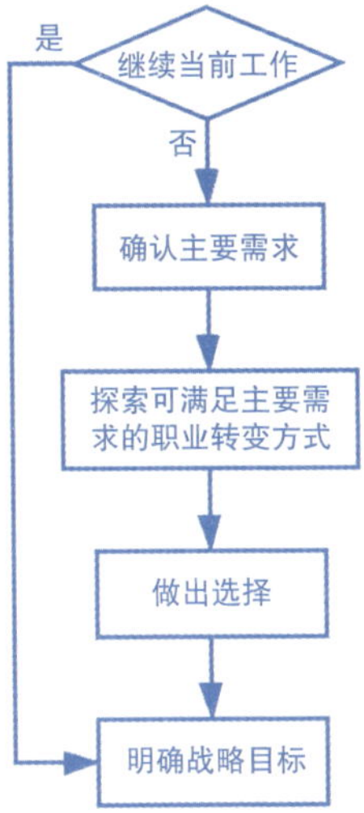

完成决策流程后，你需要将“结论”“理由”“战略目标”填入分析表格中。

接下来，我将逐一介绍决策流程的五个步骤。

3.2.1 三种方法评估是否继续当前工作

这一步，你要评估是否继续当前工作，并记录你的理由（供填写分析表时参考）。评估的方法很多，这里简要介绍三种。

第一种方法是根据二十二方面透视后的整体感受来做判断。

比如，你整体上觉得这份工作非常糟糕，没什么值得留恋的，那你就可以直接给出“否”这个结论；如果你感到这份工作有乐趣，价值回报也不错，那就可以直接给出“是”这个结论。

也有可能你并没有上面示例所说的强烈的感受，难以果断给出结论，这时你可以采取以下两种方法。

第二种方法是一票否决法。

比如 A 难以忍受上司的轻视和忽略，现在的上司却屡屡嘲讽 A 无能，对 A 的所有工作都挑三拣四。这样，即使公司的待遇很好，A 也喜欢这份工作并且有能力做好，A 也会毫不犹豫地放弃这份工作。

比如 B 只喜欢讲课，而所在的机构却强加给 B 各种销售指标，那即便销售收入高能让 B 得到更多的资源支持，B 也会放弃这份工作。

这两个例子中用的就是一票否决法。这一方法就是审视二十二方面的透视结果，看是否有你特别不能容忍的状况存在，如果有就果断放弃当前这份工作。

当你用一票否决法得出结论时，对应的理由是相对简洁明确的——某某因素无法满足。比如，A 放弃的理由是“上司不认可我的能力和工作”，而B的放弃理由是“无法专心做自己喜欢的事”。

第三种方法是预测未来法，具体分为三个步骤。

第一步是从回顾环节的预期目标及自我反思中找出现阶段的主要发展目标。

比如许鸣复盘的是主业，其主要目标是建立核心竞争力和实现年收入12万元的目标。

第二步是评估当前工作能否实现预期的目标。

比如许鸣经过一番考察，发现建立核心竞争力这个目标是可以实现的，因为部门的几位软件开发工程师都只掌握了一两种通信规约，只能做特定方向的工程项目，只要自己多掌握几种通信规约，达到能够全面应对各类项目的程度，就可以打造出优势。

许鸣又分析了年收入12万元这个目标，也找到了实现目标的办法。首先，晋升为中级工程师，中级工程师的月薪下限是9000元，13薪，因此年薪是117000元，只要晋升成功，12万元的目标就近在咫尺。然后，多争取几次出差的机会，赚一些出差补助，就可以缩短和目标的差距。

第三步是得出结论并记录理由。

经过前两步的推演分析，许鸣的结论是继续开展当前工作，理由是“采取合适的策略，有可能达成收入目标和能力目标”。

使用预测未来法时要注意，每个人的工作背景都不一样，目标也不同，在判断目标能否在预期时间内实现时，实际采用的评估方法和过程也可能是不同的。

2016年，我在一家软件公司做软件开发工作。当年下半年我女儿上了小学，上下学要接送，学校有活动要请假参与，这激发了我自主安排工作时间的强烈需求，我把自主工作设定为那时的主要发展目标。

环顾公司，我发现除了几位领导，没有一个人可以自主安排自己的工作内容和时间，要公司单独为我开放绿色通道，让我根据自己的情况随时上下班，几乎是不可能的。所以，我自主安排工作时间的目标，在当时的工作中没办法实现。

因此，我的结论是放弃当前工作，理由是“自主需求无法实现”。

你的实际情况跟许鸣和我可能都不一样，但在实施预测未来法时，有两种评估方法是你可以参考的。

第一种方法是资源比较法。具体的做法是，先分析实现目标需要哪些资源，然后盘点自己具备的资源，比较两份资源清单并找出差距，看自己能否找到策略缩小差距。

第二种方法是对标分析法。具体的做法是，找一个实现了你想实现的目标的同事或同行，从能力和资源两方面分析你和他的差距，根据差距判断自己的目标能否实现。

根据感受做判断、一票否决和预测未来，是评估是否继续当前工作的三种方法。在完成这一步的评估后，如果你的结论是“继续当前工作”，那就可以把结论和理由填入分析表，然后跳转到决策流程的最后一步——明确战略目标。如果你的结论是“放弃当前工作，寻求职业转变”，那请继续下面的步骤。

3.2.2 确认你工作上的主要需求：接近型需求和回避型需求

来到这一步，说明你打算放弃当前工作，想要探索新的机会。

这时，确认自己的主要需求非常关键，它是后续操作的基础。

主要需求可以分为接近型需求和回避型需求两类。

接近型需求是你想要实现的、想要被满足的需求，比如“自主安排工作时间”“工作内容是自己喜欢的”“年收入 30 万元”。接近型需求的实现往往会给你带来满足、快乐、幸福、成就、振奋等正面感受。

回避型需求是你不想实现、不想碰上的需求，比如“不和情绪暴躁的上司共事”“拒绝加班”。回避型需求往往可以帮助你快速否决某些工作机会，避免“踩坑”。

职业发展的二十二方面及透视时的记录，是你挖掘主要需求的来源。

针对每个方面，你可以问自己下面的一组问题。

我最渴望被满足的是哪个需求？（答案是接近型需求）

我最无法容忍的是哪种情况？（答案是回避型需求）

把你的答案整理成类似下面的表格，它们就是你评估新的工作机会是否合适的依据。

主要需求	
接近型需求	**回避型需求**
1）工作内容匹配兴趣 2）自主安排工作时间 3）晋升制度明确 4）年收入 30 万元以上	1）频繁加班 2）单程通勤时间超过 1 小时 3）工作中销售类事务占比超 20%

注意，我们收集的是主要需求，请将每一类需求的数量控制在五条以内。

如果你从二十二方面出发收集了很多需求，难以舍弃任何一个，那可以沿着职业罗盘由外向内往更抽象的层面去探究。比如先回到八维度，针对每个维度问自己最想要的是什么；如果这样做还是无法删减，那就回到四要素，针对每个要素问自己最想要的是什么。如此反复探询、感受，你就可以慢慢遴选出主要需求。

确认了主要需求后，你就可以进入下一个步骤——探索可满足主要需求的职业转变选项。

下面是我在 2016 年下半年做职业复盘时整理的主要需求。

主要需求	
接近型需求	**回避型需求**
1）自主工作 2）工作内容匹配兴趣 3）工作能发挥专长 4）年收入 ××× 万元	1）上下班打卡 2）出差时间占比过半 3）工作中销售类事务占比超 20%

3.2.3 用流程图探索备选方向：继续？跳槽？转型？转行？

“探索可满足主要需求的职业转变选项”这个步骤，包含三个并列的子流程，将它们展开之后放进职业转变分析流程，效果如下图所示（三个子流程在虚框内）。

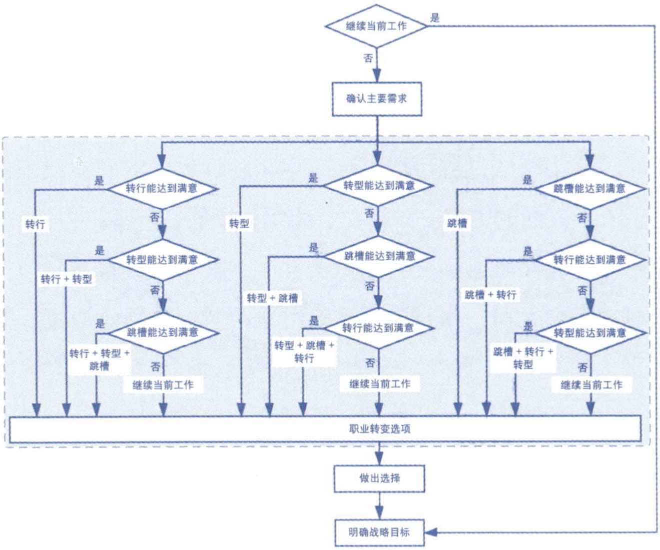

这个步骤需要你逐一完成三个子流程，得到职业转变选项清单。不过在继续讲解前，我们要先明确一下职业的概念。

职业是指不同行业和组织中存在的一组类似的职位。比如会计、电气工程师、建筑师、采购、项目经理、销售等，都是一种职业。

实际生活中，我们想要向某个交谈对象准确说明自己的职业或工作时，往往会这么说，“我在万科某分公司做会计”“我在字节跳动做前端开发”“我在奇瑞汽车当采购工程师”。

如果交谈的对象不理解你说的职业或工作，还会接着问你，“会计主要做什么事情”“前端开发日常都做什么工作呢”“采购工程师的具体工作内容有哪些呢”。

这个时候，你会进一步解释，“我平常主要做收入核算、税务管理、预算编制、成本核算等事情”“我主要的工作是设计前端基础组件、优化产品网页性能、搭建大型网页应用等”“我是电子电气方向的采购工程师，具体工作主要是优化采购流程、开发寻源合作伙伴、管控采购成本、签订战略合作协议等”。

当你说到这里时，你的交谈对象大概就明白你的职业。

回顾这个交谈过程可以发现，你在解释自己的职业或工作时涵盖了三个方面的内容——行业、组织和职能。

比如“我在万科某分公司做会计”，其中“万科某分公司”就是组织，“万科”本身暗指建筑行业，“会计”是职位。但这样说别人可能仍不明白，于是你后面接着解释了会计的工作内容——“收入核算、税务管理、预算编制、成本核算”，这便是会计职位的职能（即职位所承担的任务、作用和功能）。别人一听，大概就明白了你所在的会计职位具体包括什么工作。

由此看来，**职业应该包括职能、组织和行业三个基本维度**。

结合职能、组织和行业这三个维度，我们才能较为准确地理解一个职业，才能给自己一个更为清晰的定位。

职能、组织和行业这三个维度的单一转变，刚好对应了我们常见的三种基本职业转变方式。

· 转型，其实质是转换职能，即改变主要工作任务和内容，但不改变组织和行业。

· 跳槽，其实质是转换组织，即改变所在公司，但不改变职能和行业。

· 转行，其实质是转换行业，即在不改变组织和职能的情况下，切入新的行业。（**注：此为概念上的转行，多发生在一些大型集团公司或横跨多个行业领域的公司；我们身边很多人谈论的“转行”，往往是转行、跳槽和转型这三者的融合。**）

当你想要进行职业转变时，可以分别从转型、跳槽和转行这三种基本的职业转变方式出发，探索有哪些可能的选项能够满足你的主要需求。

跳槽是大家十分熟悉的一种职业转变方式，我们从跳槽出发，看怎么探索可能的职业转变选项。具体流程如下图所示。

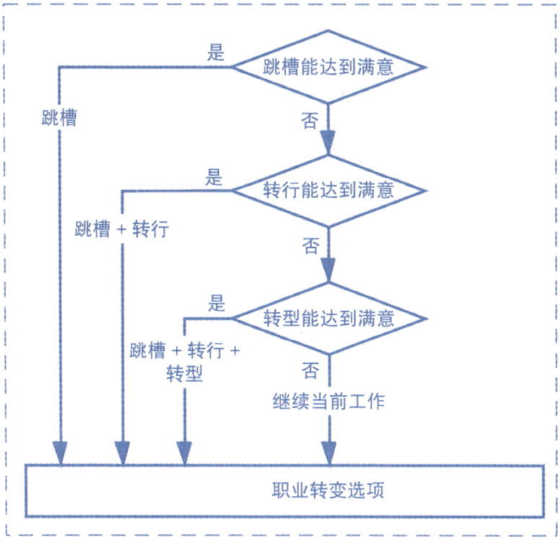

在流程的开始，你要问自己这个问题：“只跳槽，不转行、不转型，可以带给我相对满意的状态吗？”

如果答案是“可以”，就以“跳槽”这种职业转变方式为基础，构建一个或多个职业转变选项，将它们加入你的备选列表后，结束这个流程。注意，你放进备选列表的选项不能只是“跳槽”这个词，而是有明确指向的描述，比如“跳槽到中国房地产 100 强企业”“跳槽到大的互联网企业”。

如果答案是“不可以”，那接着问自己第二个问题：“跳槽，同时转行但不转型，可以带给我相对满意的状态吗？”

如果答案是“可以”，就以“跳槽 + 转行”这种组合式的职业转变方式为基础，构建一个或多个职业转变选项，将它们加入你的备选列表后，结束这个流程。注意，你放进备选列表的选项仍然是要有明确指向的描述。比如你原来是某家石油公司的招聘经理，那你的选项可能类似“找一家二线互联网公司做招聘经理”或“进入家电领域的大公司做招聘经理”，即要包含新行业和新公司的定性描述。

如果答案是“不可以”，那接着问自己第三个问题：“跳槽，转行，同时转型，可以带给我相对满意的状态吗？”

如果答案是“可以”，那就以“跳槽＋转行＋转型”这种组合式的职业转变方式为基础，构建一个或多个职业转变选项，将它们加入备选列表后，结束这个流程。加入备选列表的选项要避免模糊，尽量明确。比如你原来是某家石油公司的招聘经理，那你的选项可能类似“找一家人力资源领域的猎头公司做猎头顾问”或“进入汽车行业做新能源客车销售”。

如果答案是“不可以”，就把“继续当前工作”放进备选列表，结束这个流程。

这个流程叙述起来非常轻快，但实际操作时每一个问题都可能促使你去做大量的信息收集与分析工作。这样的工作可能持续一两个小时，也可能持续一两天。

比如你在万科某分公司做会计，年收入 15 万元，主要需求有两个，一个是年收入达到 20 万元，另一个是朝九晚五不加班。当你需要回答“只跳槽，不转行、不转型，可以带给我相对满意的状态吗？”这个问题时，就要做以下两项工作。

· 收集本地建筑行业内的公司信息。

· 调研这些公司的薪酬状况和工作节奏。

这个过程可能很快（如果你碰巧和几位专注建筑行业的专业猎头顾问熟悉，可能只需要花几分钟询问他们），也可能很慢，甚至有可能你根本找不到途径了解真实的信息。

流程中的每一个问题都是类似的，都需要你做一番信息调研工作，才可能给出答案和相对明确的职业转变选项。

小贴士

分享几种收集职业信息的方法。

（1）前程无忧职位百科，其中收录了61个行业的800多个职位信息，包含职能、技能要求和薪酬范围等。

（2）职业相关图书，值得推荐的是《DK职业百科：走进社会的理想工作指南》和《中华人民共和国职业分类大典》，其中有常见职业的职能、要求、发展方向等信息。另外还有各种专门讲述某种职业的图书，如《如何成为一名很厉害的培训师》《人人都是产品经理》《IT项目经理成长手记》等。

（3）知乎上的宝藏问题“不同行业工作都有怎样的真实体验”，该问题下有600多个回答。

（4）各招聘网站（如智联招聘、前程无忧、猎聘网、拉勾招聘、BOSS直聘等）上相关岗位的招聘信息。

（5）请教业内人士。身边的熟人、社交网络上认识的人、加入的社群等，你都可能从中找到做相关工作的人，可以向他们请教；也可以通过网络平台等渠道，向目标人士付费咨询。

（6）到知乎、百度知道等问答平台提问。

（7）直接使用百度、必应、谷歌等搜索引擎检索目标职业的关键词。

“从转型出发”和“从转行出发”的探索流程，其内在逻辑与“从跳槽出发”的探索流程一样，下面只给出相应的流程图，省去对应的文字描述。

从转型出发开始的探索流程如下图所示。

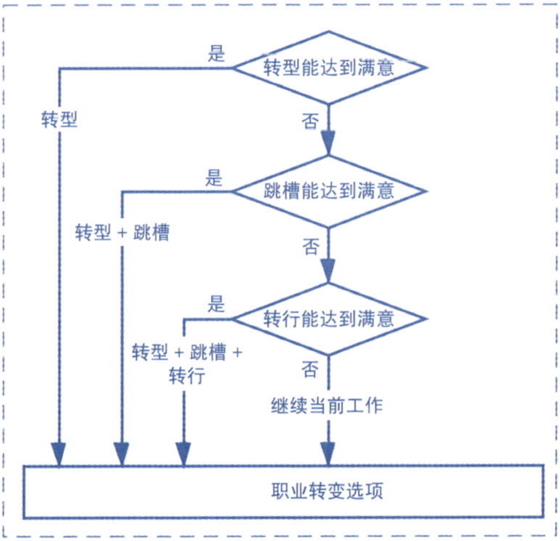

从转行出发开始的探索流程如下图所示。

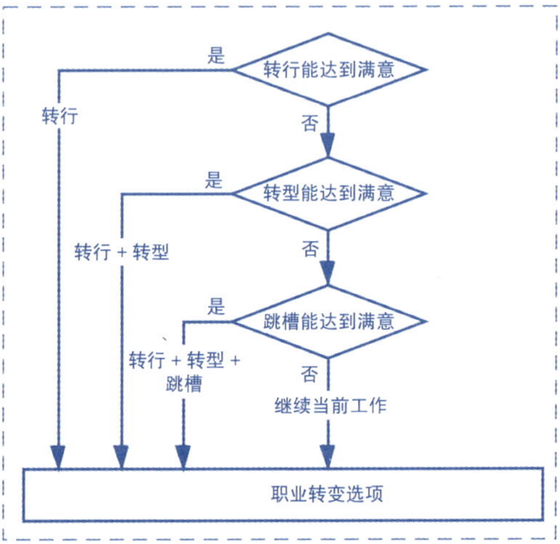

注意，在这个步骤你需要完成三个探索流程，尽量多地收集可能的职业转变选项。

完成三个探索流程后，请汇总所有职业转变选项并删除重复内容，以得到有效的清单供下个步骤使用。

需要提醒的是，刚刚介绍的职业转变选项探索流程应用在副业上时，需要做一些调整，因为多数副业只有行业和职能这两个元素，没有“组织”元素；对应地，“从跳槽出发”开始探索的子流程就不必做了。

2016 年下半年，我在做主业的职业复盘时，发现不能继续从事当前的工作（软件开发）了。我整理出了自己的主要需求，沿着职业转变分析流程，发现了下面几个可以满足主要需求的职业转变选项。

（1）Qt 自由讲师（行业没变，职能和组织改变）。

（2）技术自媒体（行业、职能、组织全改变）。

（3）职业规划师认证课程讲师（行业、职能、组织全改变）。

（4）围绕生涯领域做咨询、开发课程、出版图书（行业、职能、组织全改变）。

3.2.4 四步完成理性决策，确认发展方向

完成上一步后，你应该会得到一份清单，上面是可以满足你主要需求的职业转变选项。如果清单上只有一项，你可以跳过这个步骤，直接进入第五步——明确战略目标。如果清单上有多项内容，你就要在这些选项中做出选择。

首先我们可以明确一点：经过第二步和第三步，你得到的这些选项都是可以满足主要需求的，不存在很坏的选择。所以，你

在心理上不必有太大的负担。

尽管每个人都有自己做选择的方法，但就职业转变来讲，理性的决策流程如下图所示。

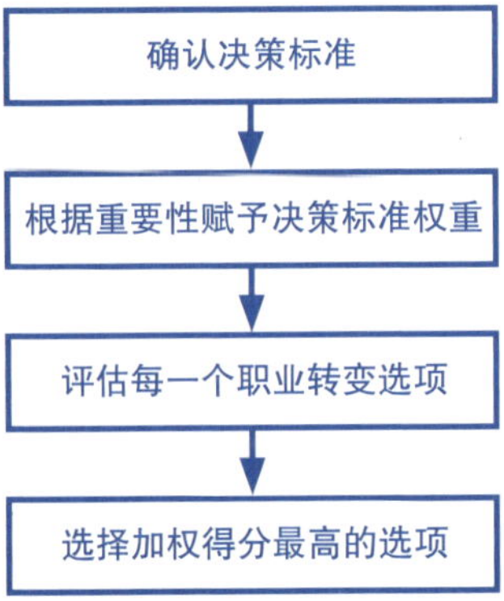

职业转变决策流程由确认决策标准、根据重要性赋予决策标准权重、评估每一个职业转变选项、选择加权得分最高的选项这四个步骤组成。虽然看上去很简单，但实际操作起来常常会出现各种状况。

为了降低实操难度，我设计了一个工具——职业转变选项评估表，如下表所示。

决策标准		选项					
		选项 1		选项 2		选项 3	
因素	权重	得分	加权得分	得分	加权得分	得分	加权得分
因素 1							
因素 2							
因素 3							
合计得分							

接下来我结合 4 个决策步骤和表格，详细说明应该如何操作。

第一步，确认决策标准。

决策标准由你比较看重的因素组成，比如轻松舒适、安全稳定、发挥专长、匹配兴趣、转换所需时间、转变难度、经济成本等。

一般建议决策标准不超过 5 个，最好是 3 个左右，因为标准太多等于没有标准。

将决策标准填入职业转变选项评估表的“因素”一列。

第二步，根据重要性赋予决策标准权重。

所有决策标准的总权重为 100，重要性越高的决策标准被赋予的权重越大。比如对我来讲，自主这一决策标准的权重为 40，收入这一决策标准的权重为 20。

这一步的难点在于，有时你难以决定哪个因素更重要。此时可以通过预测失去法来确认。具体做法是，先想象满足了 A 因素但没有满足 B 因素可能会发生什么，你会有哪些感受；然后想象满足了 B 因素但没有满足 A 因素可能会发生什么，你会有哪些感受。比较这两种情况，看哪种是你更想要的，或者哪种是你更不愿意承受的，由此来决定 A、B 两个因素的重要性高低。

将每个因素的权重填入右侧紧邻的单元格内。

第三步，评估每一个职业转变选项。

这一步包括 3 个操作。

第一个操作是把各个职业转变选项填入表格“选项 1”“选项 2”等所在的位置。如果你的选项较多，可以自行添加新的单元格。

第二个操作是根据选项满足决策标准的程度来给选项打分。分值范围为 1~10 分，1 分代表有一点满足，10 分代表完全满足。逐一审视每个作为决策标准的因素，推演选项在该因素下的得分，将其填入“得分”一列和该因素对应的单元格内。

第三个操作是将得分和因素的权重相乘，得出加权得分，将其填入“选项”下“得分”一列右侧紧邻的单元格内。

注意，你得充分了解每个选项才能打分。为此，你可能需要做一些信息调研工作，尽可能多地收集与每个选项相关的信息。

第四步，选择加权得分最高的选项。

将每个选项的加权得分汇总起来，填入“合计得分”那一行与“选项”那一列交叉定位出的单元格内。

然后，挑出加权得分最高的选项作为你的选择。

从逻辑上讲，得分最高的选项就是当前最好的选项，是你应该选择的，但有时我们也可能因为一些情感因素而难以割舍得分不高的选项。这时要意识到，不管选择哪个选项，我们都可能会对其他选项心存幻想，担心那一个更好怎么办。行动能让我们摆脱这种情感上的纠结，而且只有行动才能打造出真正好的选项。所以，别想太多，只管去做。

下面是我在 2016 年下半年职业复盘时完成的职业转变选项评估表。

决策标准		选项							
		Qt 自由讲师		技术自媒体		职业规划师认证课程讲师		围绕生涯做咨询 / 课程 / 图书	
因素	权重	得分	加权得分	得分	加权得分	得分	加权得分	得分	加权得分
自主性	40	7	280	8	320	6	240	10	400
兴趣	25	6	150	5	125	5	125	8	200
胜任度	15	8	120	6	90	2	30	8	120
收入	20	8	160	4	80	6	120	5	100
合计得分		710		615		515		820	

我当时的决策标准包含 4 个因素：自主性、兴趣、胜任度和收入。这里面有两个因素需要解释一下。一个因素是自主性，指能够自主安排工作时间、工作内容和工作方式。我当时之所以打算放弃软件开发的工作，就是因为这一因素的权重最高。如今几年过去了，它对我而言依然是最重要的决策因素。另一个因素是胜任度，主要是指我当时的综合能力与目标方向的差距。差距小表示胜任度高，能很快胜任工作；差距大表示胜任度低，需要付出较大努力和较长时间才能胜任工作。像“职业规划师认证课程讲师”这个方向，我当时的胜任度就比较低，因为 2016 年我才做职业规划咨询没多长时间，个案数量、咨询时长、咨询能力和理论水平都还处于初级阶段。

这里需要提醒的是，做出选择并不意味着一定要立刻实施转变，实际的职业转变可能发生在一段时间之后（比如 6 个月、1 年、2 年）。我们在这里做出选择是为了明确发展方向，指导自己现在的行动。

3.2.5 撰写结论、理由和战略目标，让承诺为你赋能

职业转变分析流程进行到这里，你已经做出了选择，对接下来的发展方向也有了结论。此时，你需要结合自己的选择明确结论、理由和战略目标，将它们填入分析表格的“职业转变分析”那一栏下相应的位置。

结论是你经过职业转变分析后，对当前这份工作发展方向的判断。它可能是评估是否“继续当前工作”那个步骤的结果——“继续发展当前工作”；也可能是“做出选择”这一步确定的职业转变选项，比如“转行去做新能源客车销售”；还可能是你根据自己的实际情况给出的一个方向性的概括结论，比如凌霄在分析完培训师副业后，给出的结论是“要签约新的培训机构”。

理由是你做出这个结论的依据。

比如，许鸣决定继续发展主业的理由是“采取合适的策略，有可能达成收入目标和能力目标”。

又如，我在 2016 年下半年决定放弃软件开发工作成为自由职业者，理由是“自主需求无法实现”。

因此，你需要根据自己的分析过程，给出支撑自己结论的理由。

战略目标是你对结论的具体化描述，其中包含职业转变行为和预期的结果。

比如，“晋升”这个说法不够明确，我更推荐“我要晋升为中级工程师”的描述，因为它指出了预期的结果。

又如，“跳槽”这个说法不够明确，我更推荐“我要跳槽到世界 500 强公司，提高收入和工作稳定性”的描述，因为它界定

了公司的规模，明确了自己的诉求。

再如，“我要从人力资源管理转型为做销售”这个说法不够明确，我更推荐“我要从人力资源管理转型为做 ERP 软件的销售”，因为它包含了行业（领域）和产品，具体化了“销售”这个转变目标。

以我在 2016 年下半年职业复盘时的职业转变分析为例，我当时的选择是“围绕生涯做咨询 / 课程 / 图书”，那我的战略目标就可以表述为“成为一名围绕生涯做咨询 / 课程 / 图书的自由职业者”。

许鸣完成主业的职业转变分析后，将结论、理由和战略目标填入分析表格，结果如下表所示。

<table>
<tr><th colspan="9">职业复盘</th></tr>
<tr><th colspan="9">分析环节</th></tr>
<tr><th rowspan="2">四要素</th><th rowspan="2">关键维度</th><th colspan="2">透视分析</th><th colspan="3">职业转变分析</th><th colspan="2">改善分析（1 年）</th></tr>
<tr><th>方面</th><th>透视</th><th>结论</th><th>理由</th><th>战略目标</th><th>是否</th><th>具体目标</th></tr>
<tr><td rowspan="4">价值</td><td rowspan="2">经济回报</td><td>收入来源</td><td>只关注了工资和出差补助，没想到其他来源，需要进一步了解</td><td rowspan="4">继续发展当前工作</td><td rowspan="4">经过分析，发现采取合适的策略，有可能达成收入目标和能力目标</td><td rowspan="4">实现年收入 12 万元</td><td></td><td></td></tr>
<tr><td>收入数量</td><td>要涨工资才能实现目标</td><td></td><td></td></tr>
<tr><td rowspan="2">职场地位</td><td>职等职级</td><td>两年没晋升，目前看来只有晋升才能大幅涨工资，接下来要围绕晋升来开展工作</td><td></td><td></td></tr>
<tr><td>业务价值</td><td>现在做的都是不重要的小项目，要努力进入核心项目组</td><td></td><td></td></tr>
</table>

续表

职业复盘								
分析环节								
四要素	关键维度	透视分析		职业转变分析			改善分析（1 年）	
		方面	透视	结论	理由	战略目标	是否	具体目标
资源	外部资源	物资	公司的物资保障是可以的	继续发展当前工作	经过分析，发现采取合适的策略，有可能达成收入目标和能力目标	实现年收入 12 万元		
		信息	目前不缺少信息					
		政策	公司的政策透明，现状尚可					
		成长资源	公司提供的培训学习机会少，需要争取					
	个人资源	人际关系	领导不大认可，团队信任度也一般，需要重点改善					
		成果	目前没有突出的工作成果，接下来要做重点项目，做出成绩证明自己					
		品牌	现在没有个人品牌，应先积累成果					
能力	专业能力	专业理论	编程方面以完成任务为主，没有主动提升，接下来要学习算法和设计模式					
		专业技能	需要多掌握几种通信规约，多做项目，快速提升技能					
		项目经验	要参与重点的、有挑战的项目					
	通用能力	功能型技能	PPT 设计收到不错的反馈，在这方面继续努力					
		适应型技能	个人成长缓慢，可能是因为适应型技能不够，得想办法提升					

续表

职业复盘								
分析环节								
四要素	关键维度	透视分析		职业转变分析			改善分析（1年）	
		方面	透视	结论	理由	战略目标	是否	具体目标
动机	职业兴趣	心流体验	设计PPT有心流体验，继续投入	继续发展当前工作	经过分析，发现采取合适的策略，有可能达成收入目标和能力目标	实现年收入12万元		
		突破体验	给同事培训Git用法算是突破体验，讲课可能成为兴趣，应找机会多尝试					
		好奇体验	要提升对工作事务的好奇心					
	内在满足	成就需求	要想办法在本职工作上创造成就					
		归属需求	先维持现状，目前的工作重点不在这里					
		自主需求	现在的工作能力不强，因此重点不在这里					

凌霄完成主业的职业转变分析后，将结论、理由和战略目标填入分析表格，结果如下表所示。

职业复盘

主业分析环节

四要素	关键维度	透视分析：方面	透视分析：透视	职业转变分析：结论	职业转变分析：理由	职业转变分析：战略目标	改善分析（1年）：是否	改善分析（1年）：具体目标
价值	经济回报	收入来源	满足当前需求	保持现有发展路径	目前处于上升期，资源和机会都还不错，保持现有发展路径，未来3年内还是很有发展前景的	晋升总监		
		收入数量	满足当前需求					
	职场地位	职等职级	对于晋升总监的期望越来越强烈					
		业务价值	想跳出支撑部门，进入业务部门					
资源	外部资源	物资	目前的物资能保障发展需要					
		信息	目前信息获取的渠道稳定					
		政策	大环境政策稳定，公司发展也有广阔前景					
		成长资源	资源相对丰富，但自己还未进一步获取资源					
	个人资源	人际关系	内部对下的人际关系资源相对丰富，对上的资源不够丰富，平级的人际关系需要加强；外部的行业人际关系需要扩张，也需要寻找到新的榜样或导师					
		成果	管理部门还没有取得里程碑式的成果；自己作为部门经理也还没有大的成就，需要继续努力					
		品牌	自己在公司有一定影响力，但在行业内还没有，需要循序渐进、逐步积累					

续表

职业复盘								
主业分析环节								
四要素	关键维度	透视分析		职业转变分析			改善分析（1 年）	
		方面	透视	结论	理由	战略目标	是否	具体目标
能力	专业能力	专业理论	经济师的理论知识要提高	保持现有发展路径	目前处于上升期，资源和机会都还不错，保持现有发展路径，未来 3 年内还是很有发展前景的	晋升总监		
		专业技能	经济师方面的专业技能要提高					
		项目经验	积极进入公司重要的业务项目组					
	通用能力	功能型技能	PPT 制作是自己目前的一个加分项					
		适应型技能	演讲能力需要增强					
动机	职业兴趣	心流体验	对心流体验很向往					
		突破体验	目前工作中经常获得这种体验					
		好奇体验	有一些好奇的地方，但在这方面自己好像并没有太多需求					
	内在满足	成就需求	目前非常期望能够带领部门完成任务，获得里程碑式的集体成就					
		归属需求	目前在公司有归属感，也很珍惜自己的小团队					
		自主需求	满足当前需求					

凌霄完成培训师副业的职业转变分析后，结果如下表所示。

职业复盘

培训师副业分析环节

四要素	关键维度	透视分析		职业转变分析			改善分析（1 年）	
		方面	透视	结论	理由	战略目标	是否	具体目标
价值	经济回报	收入来源	目前企业培训和个人训练营的收入都不足，需要建立更好的体系	要签约新的培训机构	转行：自己喜爱这个副业，不需要转行。转型：DISC讲师的副业刚起步，要坚持下去；这个副业不是隶属于某个公司的职位，不牵涉这方面的转变。最后，目前自己的能力和资源有限，需要签约一些机构，为自己带来更多的授课机会	成为知名 DISC 讲师		
		收入数量	还不能达到自己的期望目标					
	职场地位	职等职级	只是基础讲师，需要努力提高自己的行业影响力					
		业务价值	DISC 是对企业和个人很有用的理论工具，市场需求很大					
资源	外部资源	物资	这个阶段的物资需求并不大，目前能够满足					
		信息	已经加入培训师的几个社群，行业信息畅通					
		政策	业务的需求和发展很有前景，自己对培训行业有信心					
		成长资源	市场上的资源丰富，能够满足需要					
	个人资源	人际关系	在内部，自己需要有合作的团队；在外部，需要认识更多培训师					
		成果	完成版权课程设计，这是近阶段一个里程碑式的成就					
		品牌	要想建立个人品牌，还需要专业机构带来更多曝光和流量					

续表

<table>
<tr><th colspan="9">职业复盘</th></tr>
<tr><th colspan="9">培训师副业分析环节</th></tr>
<tr><th rowspan="2">四要素</th><th rowspan="2">关键维度</th><th colspan="2">透视分析</th><th colspan="3">职业转变分析</th><th colspan="2">改善分析（1年）</th></tr>
<tr><th>方面</th><th>透视</th><th>结论</th><th>理由</th><th>战略目标</th><th>是否</th><th>具体目标</th></tr>
<tr><td rowspan="5">能力</td><td rowspan="3">专业能力</td><td>专业理论</td><td>作为培训师，需要学习和提升教练技术</td><td rowspan="11">要签约新的培训机构</td><td rowspan="11">转行：自己喜爱这个副业，不需要转行。转型：DISC讲师的副业刚起步，要坚持下去；这个副业不是隶属于某个公司的职位，不牵涉这方面的转变。最后，目前自己的能力和资源有限，需要签约一些机构，为自己带来更多的授课机会</td><td rowspan="11">成为知名DISC讲师</td><td></td><td></td></tr>
<tr><td>专业技能</td><td>对于DISC测评，自己还需要完成更多的解读报告</td><td></td><td></td></tr>
<tr><td>项目经验</td><td>需要进行更多的授课实践，增加自己的授课经验</td><td></td><td></td></tr>
<tr><td rowspan="2">通用能力</td><td>功能型技能</td><td>PPT设计与制作已成为自己的加分项</td><td></td><td></td></tr>
<tr><td>适应型技能</td><td>需要提升文字表达能力和演讲能力</td><td></td><td></td></tr>
<tr><td rowspan="6">动机</td><td rowspan="3">职业兴趣</td><td>心流体验</td><td>培训师的工作常给自己带来心流体验</td><td></td><td></td></tr>
<tr><td>突破体验</td><td>培训师的工作常给自己带来心流体验</td><td></td><td></td></tr>
<tr><td>好奇体验</td><td>培训师的工作常给自己带来心流体验</td><td></td><td></td></tr>
<tr><td rowspan="3">内在满足</td><td>成就需求</td><td>期望能够早日完成自己设计的课程</td><td></td><td></td></tr>
<tr><td>归属需求</td><td>培训师行业的包容性很强，自己有归属感</td><td></td><td></td></tr>
<tr><td>自主需求</td><td>培训师的自主性非常强</td><td></td><td></td></tr>
</table>

这里要提醒一点，当一个人既有主业又有副业，同时对主业和副业进行职业复盘时，可能存在一种情况——主业复盘找到的

职业转变选项和副业重叠在一起。比如，假如凌霄不想做主业了，想转行成为自由讲师，那就和她的副业重叠了。这时，如果马上就要放弃当前的主业，可以终止主业的职业复盘，只完成副业即可。如果打算过半年或一年再将副业变成主业，那就继续完成主业的职业复盘，看看在接下来的一段时间还有哪些目标要完成，做好过渡和收尾工作。

以上我们讲解了职业转变分析的具体做法，并给出许鸣、凌霄和我（安晓辉）的例子，现在，你可以来做自己的职业转变分析了。

3.3 改善分析：网罗可能的改善目标

当你完成了职业转变分析后，接下来要做改善分析，想清楚怎么围绕战略目标来开展工作。

做改善分析时，你需要确认一个期限，即你打算在接下来的多长时间内实施改善，半年、一年、两年都可以，根据自己的情况来定。实际上，这个期限也是你下一次进行职业复盘的时间。

这里需要说明一个可能会困扰你的情况——你的战略目标可能会需要较长的时间来完成，比如三年、五年，而你的职业复盘周期可能是半年、一年，两者不一致。这种不一致可能会导致你放弃某些改善目标，因为你觉得它需要两年才能实现，而职业复盘时你给自己设定的改善期限是一年（这里的一年只是举例，具体视你的职业复盘周期而定）。

实际上，这是职业复盘时很多学员都遇到过的情况，应对的策略是目标分解。具体做法如下。

明确接下来的改善期限（即职业复盘周期），比如半年、一年、两年等；把长周期的战略目标拆解为一系列的阶段性目标，把能放在下一个职业复盘周期内的阶段性目标填入表格。

理解了这点，我们再进行改善分析，它的操作就分为以下两个阶段。

一是根据战略目标，判断哪些方面需要改善。

二是针对要改善的方面，收集具体目标。

3.3.1 判断：哪些方面需要改善

想要判断某个方面是否有必要改善，主要有两种方法。

第一种方法是评估这个方面对你的战略目标有没有显著影响。

有显著影响，就在分析表“改善分析”一栏的“是否”一列下对应的单元格内填“是”；无显著影响填“否”。

比如许鸣的战略目标是“实现年收入 12 万元”，经济回报维度下的收入来源、收入数量这两个方面对这个目标都有显著影响，需要改善。

又如凌霄的副业的战略目标是“成为知名 DISC 讲师”，专业能力维度下的专业技能、项目经验这两个方面，以及个人资源维度下的人际关系、成果这两个方面，都对这个目标有显著影响，需要改善。而外部资源维度下的物资、政策等方面对这个目标无显著影响，不需要改善。

第二种方法是预测这个方面不做改善会给自己带来什么样的后果。

将后果想清楚并罗列出来，看自己能否接受。如果不能接受，就选择改善，在分析表格的相应位置填“是”。如果可以接受或者觉得无所谓，就选择不改善，在分析表格的相应位置填“否”。

比如在业务价值方面，许鸣过去一年做的都是非核心、规模小的项目，业务价值不高，职场地位因此降低。如果不改善，任由这种状态持续发展，那他可能会越来越被边缘化，晋升、加薪就不太可能实现。许鸣没办法接受这种后果，所以他选择改善。

比如在主业的人际关系方面，凌霄现在在高级管理层中的人际关系资源相对较少。如果这个现状不改善，就可能会影响后续的晋升，这是凌霄不能接受的，所以她选择改善。

小贴士

职场是很多人一起工作、一起竞争的地方，如果你只是堪堪可以胜任工作但没有明显的优势，那你就很难得到足够的资源——绝大部分资源都会被拥有优势的员工所获取。这是因为多数公司是以营利为目的，因而会制定各种策略、规则，把资源配置到产出率高的地方，而具备优势的员工就是这样的“地方”。

你没有资源，就难以取得亮眼的成果；没有亮眼的成果，就很难被上司和团队看见，从而更难获取资源。如果你陷入了这样的循环，在当下的环境中就很难获得良好的发展。

所以，建立或加强优势是不可或缺的，它应当成为你每个职业发展阶段的重要目标。如果某个方面可以帮助你建立或加强优势，那就应该选择改善这一方面。

许鸣完成这个阶段后的分析表如下。

职业复盘								
分析环节								
四要素	关键维度	透视分析		职业转变分析			改善分析（1年）	
		方面	透视	结论	理由	战略目标	是否	具体目标
价值	经济回报	收入来源	只关注了工资和出差补助，没想到其他来源，需要进一步了解	继续发展当前工作	经过分析，发现采取合适的策略，有可能达成收入目标和能力目标	实现年收入12万元	是	
		收入数量	要涨工资才能实现目标				是	
	职场地位	职等职级	两年没晋升，目前看来只有晋升才能大幅涨工资，接下来要围绕晋升来开展工作				是	
		业务价值	现在做的都是不重要的小项目，要努力进入核心项目组				是	
资源	外部资源	物资	公司的物资保障是可以的				否	
		信息	目前不缺少信息				否	
		政策	公司的政策透明，现状尚可				否	
		成长资源	公司提供的培训学习机会少，需要争取				否	
	个人资源	人际关系	领导不大认可，团队信任度也一般，需要重点改善				是	
		成果	目前没有突出的工作成果，接下来要做重点项目，做出成绩证明自己				是	
		品牌	现在没有个人品牌，应先积累成果				是	

续表

职业复盘								
分析环节								
四要素	关键维度	透视分析		职业转变分析			改善分析（1 年）	
		方面	透视	结论	理由	战略目标	是否	具体目标
能力	专业能力	专业理论	编程方面以完成任务为主，没有主动提升，接下来要学习算法和设计模式	继续发展当前工作	经过分析，发现采取合适的策略，有可能达成收入目标和能力目标	实现年收入 12 万元	是	
		专业技能	需要多掌握几种通信规约，多做项目，快速提升技能				是	
		项目经验	要参与重点的、有挑战的项目				是	
	通用能力	功能型技能	PPT 设计收到不错的反馈，在这方面继续努力				是	
		适应型技能	个人成长缓慢，可能是因为适应型技能不够，得想办法提升				是	
动机	职业兴趣	心流体验	设计 PPT 有心流体验，继续投入				是	
		突破体验	给同事培训 Git 用法算是突破体验，讲课可能成为兴趣，应找机会多尝试				否	
		好奇体验	要提升对工作事务的好奇心				是	
	内在满足	成就需求	要想办法在本职工作上创造成就				是	
		归属需求	先维持现状，目前的工作重点不在这里				否	
		自主需求	现在的工作能力不强，因此重点不在这里				否	

看完许鸣的例子，我们再来看凌霄的。她的主业判断结果如下表所示。

职业复盘								
主业分析环节								
四要素	关键维度	透视分析		职业转变分析			改善分析（1年）	
		方面	透视	结论	理由	战略目标	是否	具体目标
价值	经济回报	收入来源	满足当前需求	保持现有发展路径	目前处于上升期，资源和机会都还不错，保持现有发展路径，未来3年内还是很有发展前景的	晋升总监	否	
		收入数量	满足当前需求				否	
	职场地位	职等职级	对于晋升总监的期望越来越强烈				是	
		业务价值	想跳出支撑部门，进入业务部门				是	
资源	外部资源	物资	目前的物资能保障发展需要				否	
		信息	目前信息获取的渠道稳定				否	
		政策	大环境政策稳定，公司发展也有广阔前景				否	
		成长资源	资源相对丰富，但自己还未进一步获取资源				是	
	个人资源	人际关系	内部对下的人际关系资源相对丰富，对上的资源不够丰富，平级的人际关系需要加强；外部的行业人际关系需要扩张，也需要寻找到新的榜样或导师				是	
		成果	管理部门还没有取得里程碑式的成果；自己作为部门经理也还没有大的成就，需要继续努力				是	
		品牌	自己在公司有一定影响力，但在行业内还没有，需要循序渐进、逐步积累				否	

续表

<table>
<tr><th colspan="9">职业复盘</th></tr>
<tr><th colspan="9">主业分析环节</th></tr>
<tr><th rowspan="2">四要素</th><th rowspan="2">关键维度</th><th colspan="2">透视分析</th><th colspan="3">职业转变分析</th><th colspan="2">改善分析（1 年）</th></tr>
<tr><th>方面</th><th>透视</th><th>结论</th><th>理由</th><th>战略目标</th><th>是否</th><th>具体目标</th></tr>
<tr><td rowspan="5">能力</td><td rowspan="3">专业能力</td><td>专业理论</td><td>经济师的理论知识要提高</td><td rowspan="11">保持现有发展路径</td><td rowspan="11">目前处于上升期，资源和机会都还不错，保持现有发展路径，未来 3 年内还是很有发展前景的</td><td rowspan="11">晋升总监</td><td>是</td><td></td></tr>
<tr><td>专业技能</td><td>经济师方面的专业技能要提高</td><td>是</td><td></td></tr>
<tr><td>项目经验</td><td>积极进入公司重要的业务项目组</td><td>是</td><td></td></tr>
<tr><td rowspan="2">通用能力</td><td>功能型技能</td><td>PPT 制作是自己目前的一个加分项</td><td>否</td><td></td></tr>
<tr><td>适应型技能</td><td>演讲能力需要增强</td><td>是</td><td></td></tr>
<tr><td rowspan="6">动机</td><td rowspan="3">职业兴趣</td><td>心流体验</td><td>对心流体验很向往</td><td>是</td><td></td></tr>
<tr><td>突破体验</td><td>目前工作中经常获得这种体验</td><td>否</td><td></td></tr>
<tr><td>好奇体验</td><td>有一些好奇的地方，但在这方面自己好像并没有太多需求</td><td>否</td><td></td></tr>
<tr><td rowspan="3">内在满足</td><td>成就需求</td><td>目前非常期望能够带领部门完成任务，获得里程碑式的集体成就</td><td>是</td><td></td></tr>
<tr><td>归属需求</td><td>目前在公司有归属感，也很珍惜自己的小团队</td><td>否</td><td></td></tr>
<tr><td>自主需求</td><td>满足当前需求</td><td>否</td><td></td></tr>
</table>

凌霄的培训师副业的判断结果如下表所示。

职业复盘								
培训师副业分析环节								
四要素	关键维度	透视分析		职业转变分析			改善分析（1年）	
		方面	透视	结论	理由	战略目标	是否	具体目标
价值	经济回报	收入来源	目前企业培训和个人训练营的收入都不足，需要建立更好的体系	要签约新的培训机构	转行：自己喜爱这个副业，不需要转行。转型：DISC讲师的副业刚起步，要坚持下去；这个副业不是隶属于某个公司的职位，不牵涉这方面的转变。最后，目前自己的能力和资源有限，需要签约一些机构，为自己带来更多的授课机会	成为知名DISC讲师	是	
		收入数量	还不能达到自己的期望目标				是	
	职场地位	职等职级	只是基础讲师，需要努力提高自己的行业影响力				是	
		业务价值	DISC是对企业和个人很有用的理论工具，市场需求很大				是	
资源	外部资源	物资	这个阶段的物资需求并不大，目前能够满足				否	
		信息	已经加入培训师的几个社群，行业信息畅通				否	
		政策	业务的需求和发展很有前景，自己对培训行业有信心				否	
		成长资源	市场上的资源丰富，能够满足需要				否	
	个人资源	人际关系	在内部，自己需要有合作的团队；在外部，需要认识更多培训师				是	
		成果	完成版权课程设计，这是近阶段一个里程碑式的成就				是	
		品牌	要想建立个人品牌，还需要专业机构带来更多曝光和流量				是	

续表

<table>
<tr><th colspan="9">职业复盘</th></tr>
<tr><th colspan="9">培训师副业分析环节</th></tr>
<tr><th rowspan="2">四要素</th><th rowspan="2">关键维度</th><th colspan="2">透视分析</th><th colspan="3">职业转变分析</th><th colspan="2">改善分析（1 年）</th></tr>
<tr><th>方面</th><th>透视</th><th>结论</th><th>理由</th><th>战略目标</th><th>是否</th><th>具体目标</th></tr>
<tr><td rowspan="5">能力</td><td rowspan="3">专业能力</td><td>专业理论</td><td>作为培训师，需要学习和提升教练技术</td><td rowspan="11">要签约新的培训机构</td><td rowspan="11">转行：自己喜爱这个副业，不需要转行。转型：DISC讲师的副业刚起步，要坚持下去；这个副业不是隶属于某个公司的职位，不牵涉这方面的转变。最后，目前自己的能力和资源有限，需要签约一些机构，为自己带来更多的授课机会</td><td rowspan="11">成为知名 DISC 讲师</td><td>是</td><td></td></tr>
<tr><td>专业技能</td><td>对于 DISC 测评，自己还需要完成更多的解读报告</td><td>是</td><td></td></tr>
<tr><td>项目经验</td><td>需要进行更多的授课实践，增加自己的授课经验</td><td>是</td><td></td></tr>
<tr><td rowspan="2">通用能力</td><td>功能型技能</td><td>PPT 设计与制作已成为自己的加分项</td><td>否</td><td></td></tr>
<tr><td>适应型技能</td><td>需要提升文字表达能力和演讲能力</td><td>是</td><td></td></tr>
<tr><td rowspan="6">动机</td><td rowspan="3">职业兴趣</td><td>心流体验</td><td>培训师的工作常给自己带来心流体验</td><td>否</td><td></td></tr>
<tr><td>突破体验</td><td>培训师的工作常给自己带来心流体验</td><td>否</td><td></td></tr>
<tr><td>好奇体验</td><td>培训师的工作常给自己带来心流体验</td><td>否</td><td></td></tr>
<tr><td rowspan="3">内在满足</td><td>成就需求</td><td>期望能够早日完成自己设计的课程</td><td>是</td><td></td></tr>
<tr><td>归属需求</td><td>培训师行业的包容性很强，自己有归属感</td><td>否</td><td></td></tr>
<tr><td>自主需求</td><td>培训师的自主性非常强</td><td>否</td><td></td></tr>
</table>

现在，你可以根据分析表判断自己需要在哪些方面进行改善。

3.3.2 收集：找到具体目标，作为前进路标

确认了要在哪些方面进行改善，接下来，我们来看怎么为这些方面收集改善的具体目标。

假设你现在正在分析主业。

你想在专业能力这个维度做改善，那么你可以怎么做呢？

你可能会想到看一些与工作相关的书，学习几门专业课，做一些练习，多参与一些项目……

你知道别人看了这些做法是什么感觉吗？

大多数人的感觉是既不知道具体要做什么，也不知道要做到什么程度。

你想提升职场地位，那么你可以做哪些事情呢？

你可能会想到努力工作以实现升职，参与重点项目，转换到核心岗位……

别人看了这些做法又会是什么感觉呢？

大多数人的感觉依然是既不知道具体要做什么，也不知道要做到什么程度。

这就是我们在收集改善的具体目标时常会遇到的关键问题——**收集的具体目标模糊，难以落地**。

为了解决这个问题，我们需要先理解什么是具体目标。

具体目标是指明确的、可衡量的目标，让人一看就知道要做什么、做到什么程度。这样的具体目标更容易落地执行。

许多人不理解“明确”和“可衡量”这两个原则的准确含义，导致设立的目标不具体、难落地。所以，我们先来理解一下这两个原则。

2021 年 4 月，我跟朋友金子聊天，告诉她我正在写转行方向的书。金子听后对我说：“安老师，我一直都有一个写书的目标，要不你教我怎么写吧。”

金子所说的“写书”就不够明确，因为书的种类太多了，我没办法清楚地理解她到底要写什么书。所以，我当时就问她：“你要写什么书？”金子说：“我想写一本关于女性成长的小说。”我听到这里基本就明白金子想写的是什么书了，因为“女性成长小说”包含了主题和体裁，目标很明确。

从金子想写书这个例子可以看出，**所谓明确，就是你所说的事情处在层级分类的底层，无须进一步细分，让人一看就知道是什么。**比如，花样滑冰是明确的事情，你说出来别人就能明白，而运动是一个类别，不进一步细分，别人就不知道你指的是哪种运动。又如，一级建造师资格考试是明确的事情，而资格考试就是一个类别，并不明确。

理解了“明确”原则的含义并多加练习，你就可以设定出让人一目了然的目标。但这还不够，目标还必须符合“可衡量”原则。**所谓可衡量，是指目标要有数量化或行为化的指标，并且验证这些指标的数据或信息可以获取，让人很方便地评估目标达成与否。**

金子的目标“我想写一本关于女性成长的小说”，就缺少能够衡量目标达成与否的指标，因为“写”代表的是过程，不是最终状态。如果把“写”改为“公开出版”，目标变成“我要公开出版一本关于女性成长的小说”，别人看了就能很清楚怎么判断目标有没有达成。

许鸣在通用能力这个维度设定了“在 PPT 方面多输出”的目标，这个目标也不符合可衡量原则。怎么才算是“多输出”呢？是多做了两份 PPT，还是多设计了两套模板，不同的人对此会有不同的理解。所以，许鸣必须额外确立一个方便测量的标准，类似“成为 PPTSTORE 的原创作者”，或者“在 PPTSTORE 售卖出 100 份 PPT 模板”，就是可以参考的标准。

可衡量原则主要包括以下两点。

第一，目标必须有确定的结果，要避免使用“争取”“尽量”“想要”“可能”“更多”等带有不确定含义的词语。

第二，目标必须可以方便地评估是否达成，所以要有途径获取数据或看到结果。

当你的目标符合可衡量原则之后，你就能较为顺利地跟踪目标的进展，判断目标是不是已经达成。

需要注意的是，可衡量原则依赖于明确原则，即只有目标是明确的，你才能为其设定衡量指标。如果目标不明确，你就很难找到契合的指标来衡量它。

理解了具体目标的明确和可衡量这两个原则，我们就可以参照 3.1 节中对二十二方面的详细说明来为你想要改善的方面设定具体目标。

许鸣完成这一步后的分析如下表所示。

<table>
<tr><th colspan="9">职业复盘</th></tr>
<tr><th colspan="9">分析环节</th></tr>
<tr><th rowspan="2">四要素</th><th rowspan="2">关键维度</th><th colspan="2">透视分析</th><th colspan="3">职业转变分析</th><th colspan="2">改善分析
(1 年)</th></tr>
<tr><th>方面</th><th>透视</th><th>结论</th><th>理由</th><th>战略目标</th><th>是否</th><th>具体目标</th></tr>
<tr><td rowspan="4">价值</td><td rowspan="2">经济回报</td><td>收入来源</td><td>只关注了工资和出差补助，没想到其他来源，需要进一步了解</td><td rowspan="8">继续发展当前工作</td><td rowspan="8">经过分析，发现采取合适的策略，有可能达成收入目标和能力目标</td><td rowspan="8">实现年收入 12 万元</td><td>是</td><td>获得中级职称津贴</td></tr>
<tr><td>收入数量</td><td>要涨工资才能实现目标</td><td>是</td><td>1）工资上涨 15%
2）赚 100 天出差补助</td></tr>
<tr><td rowspan="2">职场地位</td><td>职等职级</td><td>两年没晋升，目前看来只有晋升才能大幅涨工资，接下来要围绕晋升来开展工作</td><td>是</td><td>晋升内部中级工程师或者转岗项目经理</td></tr>
<tr><td>业务价值</td><td>现在做的都是不重要的小项目，要努力进入核心项目组</td><td>是</td><td>参与核心项目 Modbus 转 IEC 61850</td></tr>
<tr><td rowspan="4">资源</td><td rowspan="4">外部资源</td><td>物资</td><td>公司的物资保障是可以的</td><td>否</td><td></td></tr>
<tr><td>信息</td><td>目前不缺少信息</td><td>否</td><td></td></tr>
<tr><td>政策</td><td>公司的政策透明，现状尚可</td><td>否</td><td></td></tr>
<tr><td>成长资源</td><td>公司提供的培训学习机会少，需要争取</td><td>否</td><td></td></tr>
</table>

续表

职业复盘

分析环节								
四要素	关键维度	透视分析		职业转变分析			改善分析（1年）	
		方面	透视	结论	理由	战略目标	是否	具体目标
资源	个人资源	人际关系	领导不大认可，团队信任度也一般，需要重点改善	继续发展当前工作	经过分析，发现采取合适的策略，有可能达成收入目标和能力目标	实现年收入12万元	是	在技术方面找1位成长伙伴
		成果	目前没有突出的工作成果，接下来要做重点项目，做出成绩证明自己				是	1）计算机程序缺陷（Bug）率小于10‰ 2）解决10个重要的Bug 3）输出Modbus转IEC 61850指南文档 4）取得嵌入式系统设计师资格认证
		品牌	现在没有个人品牌，应先积累成果				是	成为团队中熟悉通信规约最多的开发者
能力	专业能力	专业理论	编程方面以完成任务为主，没有主动提升，接下来要学习算法和设计模式				是	自学《算法》，手写10个经典排序算法
		专业技能	需要多掌握几种通信规约，多做项目，快速提升技能				是	1）设计3个通信规约练习项目 2）参与3个通信规约商业项目
		项目经验	要参与重点的、有挑战的项目				是	参与核心项目Modbus转IEC 61850
	通用能力	功能型技能	PPT设计收到不错的反馈，在这方面继续努力				是	1）成为PPTSTORE的原创作者 2）优化部门3款产品的宣讲PPT
		适应型技能	个人成长缓慢，可能是因为适应型技能不够，得想办法提升				是	掌握复盘技能，养成每周复盘的习惯

续表

<table>
<tr><th colspan="9">职业复盘</th></tr>
<tr><th colspan="9">分析环节</th></tr>
<tr><th rowspan="2">四要素</th><th rowspan="2">关键维度</th><th colspan="2">透视分析</th><th colspan="3">职业转变分析</th><th colspan="2">改善分析（1 年）</th></tr>
<tr><th>方面</th><th>透视</th><th>结论</th><th>理由</th><th>战略目标</th><th>是否</th><th>具体目标</th></tr>
<tr><td rowspan="6">动机</td><td rowspan="3">职业兴趣</td><td>心流体验</td><td>设计 PPT 有心流体验，继续投入</td><td rowspan="6">继续发展当前工作</td><td rowspan="6">经过分析，发现采取合适的策略，有可能达成收入目标和能力目标</td><td rowspan="6">实现年收入 12 万元</td><td>是</td><td>用 PPT 动画解读十大经典排序算法</td></tr>
<tr><td>突破体验</td><td>给同事培训 Git 用法算是突破体验，讲课可能成为兴趣，应找机会多尝试</td><td>否</td><td></td></tr>
<tr><td>好奇体验</td><td>要提升对工作事务的好奇心</td><td>是</td><td>养成赋予工作事务新意义的习惯</td></tr>
<tr><td rowspan="3">内在满足</td><td>成就需求</td><td>要想办法在本职工作上创造成就</td><td>是</td><td>1）取得嵌入式系统设计师资格认证
2）掌握 5 种设计模式</td></tr>
<tr><td>归属需求</td><td>先维持现状，目前的工作重点不在这里</td><td>否</td><td></td></tr>
<tr><td>自主需求</td><td>现在的工作能力不强，因此重点不在这里</td><td>否</td><td></td></tr>
</table>

下面是凌霄主业收集完具体目标后的分析表。

<table>
<tr><th colspan="9">职业复盘</th></tr>
<tr><th colspan="9">主业分析环节</th></tr>
<tr><th rowspan="2">四要素</th><th rowspan="2">关键维度</th><th colspan="2">透视分析</th><th colspan="3">职业转变分析</th><th colspan="2">改善分析（1 年）</th></tr>
<tr><th>方面</th><th>透视</th><th>结论</th><th>理由</th><th>战略目标</th><th>是否</th><th>具体目标</th></tr>
<tr><td rowspan="4">价值</td><td rowspan="2">经济回报</td><td>收入来源</td><td>满足当前需求</td><td rowspan="8">保持现有发展路径</td><td rowspan="8">目前处于上升期，资源和机会都还不错，保持现有发展路径，未来 3 年内还是很有发展前景的</td><td rowspan="8">晋升总监</td><td>否</td><td></td></tr>
<tr><td>收入数量</td><td>满足当前需求</td><td>否</td><td></td></tr>
<tr><td rowspan="2">职场地位</td><td>职等职级</td><td>对于晋升总监的期望越来越强烈</td><td>是</td><td>带领部门完成全年任务目标</td></tr>
<tr><td>业务价值</td><td>想跳出支撑部门，进入业务部门</td><td>是</td><td>成为公司新业务项目组成员</td></tr>
<tr><td rowspan="4"></td><td rowspan="4">外部资源</td><td>物资</td><td>目前的物资能保障发展需要</td><td>否</td><td></td></tr>
<tr><td>信息</td><td>目前信息获取的渠道稳定</td><td>否</td><td></td></tr>
<tr><td>政策</td><td>大环境政策稳定，公司发展也有广阔前景</td><td>否</td><td></td></tr>
<tr><td>成长资源</td><td>资源相对丰富，但自己还未进一步获取资源</td><td>是</td><td>1）获得总部的管理层培训机会
2）积极参与“樱花计划”，增强领导对自己的信任
3）重点取得 1 组和 3 组两位组长的信任</td></tr>
</table>

续表

<table>
<tr><th colspan="9">职业复盘</th></tr>
<tr><th colspan="9">主业分析环节</th></tr>
<tr><th rowspan="2">四要素</th><th rowspan="2">关键维度</th><th colspan="2">透视分析</th><th colspan="3">职业转变分析</th><th colspan="2">改善分析（1 年）</th></tr>
<tr><th>方面</th><th>透视</th><th>结论</th><th>理由</th><th>战略目标</th><th>是否</th><th>具体目标</th></tr>
<tr><td rowspan="3">资源</td><td rowspan="3">个人资源</td><td>人际关系</td><td>内部对下的人际关系资源相对丰富，对上的资源不够丰富，平级的人际关系需要加强；外部的行业人际关系需要扩张，也需要寻找到新的榜样或导师</td><td rowspan="6">保持现有发展路径</td><td rowspan="6">目前处于上升期，资源和机会都还不错，保持现有发展路径，未来 3 年内还是很有发展前景的</td><td rowspan="6">晋升总监</td><td>是</td><td>1）结识 10 位业内经理级以上级别的人员
2）找到 1 位成长导师
3）参加行业领军人物峰会，并尽可能结交领军人物</td></tr>
<tr><td>成果</td><td>管理部门还没有取得里程碑式的成就；自己作为部门经理也还没有大的成就，需要继续努力</td><td>是</td><td>完成一个新业务的部分设计工作</td></tr>
<tr><td>品牌</td><td>自己在公司有一定影响力，但在行业内还没有，需要循序渐进、逐步积累</td><td>否</td><td></td></tr>
<tr><td rowspan="3">能力</td><td rowspan="3">专业能力</td><td>专业理论</td><td>经济师的理论知识要提高</td><td>是</td><td>获得中级经济师资质认证</td></tr>
<tr><td>专业技能</td><td>经济师方面的专业技能要提高</td><td>是</td><td></td></tr>
<tr><td>项目经验</td><td>积极进入公司重要的业务项目组</td><td>是</td><td>成为公司新业务研发组成员</td></tr>
</table>

续表

职业复盘								
主业分析环节								
四要素	关键维度	透视分析		职业转变分析			改善分析（1年）	
		方面	透视	结论	理由	战略目标	是否	具体目标
能力	通用能力	功能型技能	PPT制作是自己目前的一个加分项	保持现有发展路径	目前处于上升期，资源和机会都还不错，保持现有发展路径，未来3年内还是很有发展前景的	晋升总监	否	
		适应型技能	演讲能力需要增强				是	参加一个演讲培训班
动机	职业兴趣	心流体验	对心流体验很向往				是	完成一个新业务的部分设计工作
		突破体验	目前工作中经常获得这种体验				否	
		好奇体验	有一些好奇的地方，但在这方面自己好像并没有太多需求				否	
	内在满足	成就需求	目前非常期望能够带领部门完成任务，获得里程碑式的集体成就				是	带领部门完成全年任务目标
		归属需求	目前在公司有归属感，也很珍惜自己的小团队				否	
		自主需求	满足当前需求				否	

下面是凌霄培训师副业收集完具体目标后的分析表。

职业复盘

培训师副业分析环节

四要素	关键维度	透视分析		职业转变分析			改善分析（1 年）	
		方面	透视	结论	理由	战略目标	是否	具体目标
价值	经济回报	收入来源	目前企业培训和个人训练营的收入都不足，需要建立更好的体系	要签约新的培训机构	转行：自己喜爱这个副业，不需要转行。转型：DISC讲师的副业刚起步，要坚持下去；这个副业不是隶属于某个公司的职位，不牵涉这方面的转变。最后，目前自己的能力和资源有限，需要签约一些机构，为自己带来更多的授课机会	成为知名 DISC 讲师	是	与 3 家培训机构签约
		收入数量	还不能达到自己的期望目标				是	开设 5 期个人课程
	职场地位	职等职级	只是基础讲师，需要努力提高自己的行业影响力				是	获得 1000 名粉丝
		业务价值	DISC 是对企业和个人很有用的理论工具，市场需求很大				是	积累 100 个 DISC 测评案例
资源	外部资源	物资	这个阶段的物资需求并不大，目前能够满足				否	
		信息	已经加入培训师的几个社群，行业信息畅通				否	
		政策	业务的需求和发展很有前景，自己对培训行业有信心				否	
		成长资源	市场上的资源丰富，能够满足需要				否	
	个人资源	人际关系	在内部，自己需要有合作的团队；在外部，需要认识更多培训师				是	1）构建 3 个人的社群运营团队 2）深度结交 10 名培训师

续表

职业复盘								
培训师副业分析环节								
四要素	关键维度	透视分析		职业转变分析			改善分析（1年）	
		方面	透视	结论	理由	战略目标	是否	具体目标
资源	人际关系	成果	完成版权课程设计，这是近阶段一个里程碑式的成就	要签约新的培训机构	转行：自己喜爱这个副业，不需要转行。转型：DISC讲师的副业刚起步，要坚持下去；这个副业不是隶属于某个公司的职位，不牵涉这方面的转变。最后，目前自己的能力和资源有限，需要签约一些机构，为自己带来更多的授课机会	成为知名DISC讲师	是	1）开发企业DISC培训课程 2）开发个人DISC培训课程
		品牌	要想建立个人品牌，还需要专业机构带来更多曝光和流量				是	与机构合作，成为省内知名DISC讲师
能力	专业能力	专业理论	作为培训师，需要学习和提升教练技术				是	学习基于神经语言程序学的教练（NLP）教练技术
		专业技能	对于DISC测评，自己还需要完成更多的解读报告				是	积累100个DISC测评案例
		项目经验	需要进行更多的授课实践，增加自己的授课经验				是	与3家培训机构签约
	通用能力	功能型技能	PPT设计与制作已成为自己的加分项				否	
		适应型技能	需要提升文字表达能力和演讲能力				是	提升文字表达能力，每周更新1篇公众号文章
动机	职业兴趣	心流体验	培训师的工作常给自己带来心流体验				否	
		突破体验	培训师的工作常给自己带来心流体验				否	
		好奇体验	培训师的工作常给自己带来心流体验				否	

续表

职业复盘								
培训师副业分析环节								
四要素	关键维度	透视分析		职业转变分析			改善分析（1年）	
		方面	透视	结论	理由	战略目标	是否	具体目标
动机	内在满足	成就需求	期望能够早日完成自己设计的课程				是	1）开发企业DISC培训课程 2）开发个人DISC培训课程
		归属需求	培训师行业的包容性很强，自己有归属感				否	
		自主需求	培训师的自主性非常强				否	

职业复盘线下工作坊中有伙伴反馈，觉得别人分析表格中的具体目标很清晰，可是自己即便理解了职业发展二十二方面的详细含义，有时还是想不出改善的具体目标。

的确，我们受限于自己的经验、视角和逻辑推演能力，在有些方面会遇到一些困难，没那么顺利。为此，我总结了以下 4 种方法供你参考。

（1）亮点分析法

亮点分析法是通过挖掘自己过去的工作经历，找出对某个发展目标有正向贡献的事情，围绕它们发散思维，寻找类似的事情作为将来的目标。

例如许鸣帮领导做的述职 PPT 赢得了领导的认可，那么继续帮领导做述职 PPT、帮领导做季度经营会议的汇报 PPT、承接部门内的各种 PPT 设计工作，就都可能成为目标方向，许鸣可以从中筛选出适合自己的具体目标。

这种方法简单来讲就是，**过去做对了什么现在接着做，并且往更好的方向做。**

（2）运用“要想……，应该……”推演法

这个句式中的“要想”后面跟的是你想达到的效果，“应该”后面跟的是你需要做的事情、努力的方向等。

比如，要想赢得团队信任，应该提升专业技术，独立完成工作。

又如，要想晋升，应该开发几个大客户。

再如，要想建立技术优势，应该在高复杂度、高难度的项目中淬炼某种技术。

当你罗列出几个句子，分析“应该”后面的描述，就很可能会找到一些具体目标。

比如“要想赢得团队信任，应该提升专业技术，独立完成工作”，你把其中的“专业技术”替换成自己工作中常用的某种技术（如财报分析、解读心电图、销售文案写作等），就会找到类似“提升财报分析技能，独立完成工作”这样的目标。接着把“独立完成工作”这种偏模糊的说法换成“完成 10 家上市公司财务报表分析报告”这样可衡量的说法，就得到了一个具体目标——“提升财报分析技能，完成 10 家上市公司财务报表分析报告”。

（3）标杆分析法

标杆分析法通过分析标杆（优秀者）的做法来寻找目标，具体分为 3 个小步骤。

第一步是先找到一个在你想要提升的方面做得比较出色的同事。

第二步是分析这位同事，看他用了哪些方法、做了哪些事情、取得了哪些关键成果。

第三步是分析你收集到的方法、事情、关键成果，挑出适合自己的作为目标。

比如你想要涨工资，那就可以找到部门涨工资次数多或工资涨幅高的同事，分析他用了哪些方法做了哪些事情达到了这样的成果，这些方法和事情对你来讲也有可能是适用的。

又如你想建立一种技术优势，那就可以找部门中熟悉某项技术上的同事，分析他用了哪些方法、怎么做到的，从中找到你可以借鉴的部分。

标杆分析法可以突破个人的思维局限，可行性非常高，但有一点须谨记——同一种实现方式别人用了有效，你用则不一定有效。

我们仍以涨工资为例，你的同事 A 因为将工作成果转化为专利得以加薪，你的同事 B 因为拿到了大客户的服务续签合同得以加薪，但申请专利和获取大客户支持这两种方式你用了未必能够加薪。

这是因为公司环境、市场环境、时间点、个人能力与资源等，都会影响一种方式实施的效果。比如 2019 年公司的业绩好，员工涨薪较容易，A 因为申请了专利获得了大幅涨薪；而转眼到了 2020 年，公司经营困难，限制了晋升和涨薪，那么你即使申请了专利，也可能享受不到涨薪。

所以，在参考标杆的做法时，你还需要评估当下的环境、能力、资源等各种因素，然后再决定是否采用类似的做法。

（4）请教标杆法

这是非常直接的方法。你可以找到标杆，向他提出以下两个关键问题。

"你是怎么做到 ××× 的？"

"我的情况是 ×××，你认为我可以用哪些方法做到 ×××？"

注意，在合适的场合、同标杆建立信任之后提出问题，你才可能获得有效的信息。

综合运用上述 4 种方法，你就可能找到一些大致方向、具体做法等，再结合自身情况，参考收集具体目标的两个原则（明确和可衡量），就可能打造出适合自己的具体目标。

在收集具体目标时，还有以下两点需要注意。

- 具体目标的实现周期，原则上应该在一个月以上。
- 同一职业发展维度下的具体目标要彼此独立，不要有包含关系。比如"赚 100 天出差补助"和"涨工资 15%"这两个具体目标是相互独立的，没有包含关系；而"总收入增加 30%"和"涨工资 15%"就有包含关系——前者包含后者。

现在，你的挑战来了。请参照二十二方面的详细说明、许鸣和凌霄的例子，以及上述四种方法，收集你在二十二方面改善的具体目标，并填入分析表的"改善分析"一栏。

需要提醒的是，尽管我运用了概念说明、举例子、讲方法等各种手段来降低收集具体目标的难度，但因为它是一种技能，所以你很难看一遍就能轻松自如地掌握。你会发现第一次尝试远没有那么容易，无论你是想把模糊的目标变明确，还是给目标设定可检测的衡量标准，都会有举步维艰的感觉。

这是习得技能时常常会遇到的，并不只有你这样。即使我已经重复过很多次这个步骤了，2021 年年初再做时仍有明显的回避冲动，想打开手机玩一会儿、想离开座位去泡杯茶。

如果你分析了好几个方面、找了十几个目标后，还有类似的想法和感受，不要怀疑自己，你并不孤单，多数人的职业复盘进行到这一步都会出现这种状况。其中一个非常重要的原因是，挖掘具体目标本身就是一件艰难的事，主要表现在以下几点。

第一，具体化目标时，检索与想要的效果对应的具体事情比较困难。

第二，当你写下具体的事情或衡量标准时，你会意识到自己在“撰写承诺书”，兑现承诺的压力骤然增强。

第三，你可能不知道怎么做才能实现目标，这会放大承诺带来的压力。

第四，你可能不知道能否在约定时间内达成目标，这也会放大承诺带来的压力。

收集具体目标会从心理层面给人造成很大压力，所以你有畏难情绪、想要逃避都是正常的。

你可以设想下目标实现时的感觉，想象一下维持现状可能出现的遗憾，这有助于你勇敢地面对困难，坚持完成这个步骤。

到这里，职业复盘分析环节的三个部分就演示完毕了，接下来我们就要进入职业复盘的调整环节。如果你有多份工作，请像凌霄那样针对每份工作都做一遍“回顾和分析”，因为我们会在调整环节的一开始就汇总你从多份工作中找到的具体目标。

要点回顾

- 透视分析的方法——将职业发展的关键维度进一步细分，从不同的方面用不同的视角来审视问题。
- 职业发展的二十二方面是透视分析的工具。对每个方面进行透视时，可以涵盖收获、差距、原因、评价、改善方向这些关键点。
- 分析的目的是为了改善，改善之前要先明确现阶段的职业发展战略。职业转变分析流程可以引领你探索每一份工作的阶段性发展方向。
- 工作上的主要需求是明确职业转变方向的关键，它可以分为接近型需求和回避型需求。接近型需求是你想要实现的、想要被满足的需求。回避性需求是你不想实现、不想碰上的需求。
- 职业是指不同行业和组织中存在的一组类似的职位。职业应该包括职能、组织和行业三个基本维度。
- 职业转变决策流程由确认决策标准、根据重要性赋予决策标准权重、评估每一个职业转变选项、选择加权得分最高的选项这四个步骤组成。
- 工作上的战略目标是你对当前这份工作发展方向的具体化描述，其中包含职业转变行为和预期的结果。
- 改善的具体目标要么是对工作上的战略目标有显著影响，要么是不做改善会导致严重的后果。
- 具体目标，是指明确的、可衡量的目标，让人一看就知道要做什么、做到什么程度。
- 亮点分析法，“要想……应该……”推演法、标杆分析法、请教标杆，这四种方法可以帮助你收集改善的具体目标。

第 4 章

CHAPTER 4

调整

—— 规划导航路线，奔向美好工作

调整是职业复盘的第三个环节。它首先汇总分析环节的具体目标，然后为各个具体目标设定优先级，让真正重要的具体目标浮现出来，然后引领你为具体目标找到关键步骤（行为），制订目标行动方案，为落地执行做好准备。

调整聚焦关键要务，导出行动方案，是你做出改变的催化剂。

前面我们完成了回顾和分析两个环节，明确了我们的战略目标，增强了行动的导向性。但要让目标实现，我们还是要靠有效的行动。要想让行动更加有效，我们需要通过调整环节来实现。

在正式进行调整环节之前，我们需要再次明确职业复盘的流程，如下图所示。

从上图可知，职业复盘的回顾和分析环节是针对每一份工作分别进行的，你有 1 份主业和 n 份副业，就要执行“$1+n$”次回顾和分析。而调整环节是不区分某一份工作的，它将你分析多份工作得到的所有具体目标汇总到一起进行调整，综合形成整体计划。

调整是在前面各环节的结果之上进行的。所以，不管你是只有主业，还是既有主业又有副业，都请完成所有工作的回顾和分析环节之后再往下进行，这样会有更好的效果。

现在，我们开始调整之旅。

经过回顾和分析，我们完成了现状与理想的对标，有了一系列的具体目标。在调整环节，我们将基于这些具体目标一步一步孵化出行动计划，为我们的行动提供指南。

这部分要用到的工具表格如下。

职业复盘					
调整环节					
目标	优先级	关键步骤（行为）	时间节点	反馈系统	奖励

从工具表格中可以看出，调整环节分为以下6个步骤。

1. 汇总目标。
2. 设定目标优先级。
3. 制订目标行动方案。
4. 设定时间节点。
5. 建立有效的反馈系统。
6. 设定达标奖励。

4.1 汇总目标：梳理出待办清单

在分析环节，你从多个方面出发收集到了自己想要达成的目标。如果审视这些目标，你可能就会发现，有些目标表述不同，但在实现层面上要做的事情其实是相同的；还有些目标可能是另一些目标实现后带来的必然结果……这说明目标是可以重新整合的。一旦经过整合，目标的数量就会减少，要做的事情会更明确，制订行动计划的工作量也会大大减少。

因此，我们专门设计了汇总目标这个步骤，让你能够在制订行动计划之前先对每份工作收集到的具体目标进行一次汇总整理。

下面介绍几种汇总目标时的典型情况，供你参考。

4.1.1 再次核查目标是否具体

我们已经明确了改善目标是要让具体目标既明确又可衡量，比如涨 500 元工资，获得中级职称，结交两位金融专家。这样的具体目标可以为拟定行动计划奠定更好的基础。

但如果我们没有刻意训练如何设定具体目标，在分析环节还是容易留下一些模糊的目标，从而影响后续的工作。

为了避免这种情况，在汇总目标这个步骤，我们就可以对每个目标的表述再次进行推敲核准，找出不具体的目标，再次对其进行修改。

下表是我们从学员作业中挑选的几个例子，供你参考。

模糊的目标	明确且可衡量的目标
拓宽自己的人际关系资源	结交 3 位资深项目经理
提升演讲技能	参加演讲培训班，达到能够独立设计并公开演讲的效果
增加项目经验	参加 3 个室内设计项目
提升收入	综合收入增加 15%

4.1.2 在目的相同的多个目标之间做出选择

在分析环节推演具体目标时，我们可能会为实现同一个目的找到多个不同的目标。

比如许鸣想提升职场地位，晋升到更高的职级，就可能存在两个选项——晋升内部中级工程师或者转岗项目经理。

比如我的一位学员想提升能力，建立差异化竞争力，就罗列了学公文写作、学演讲、学数据分析、练习英语口语等多个备选方向。

出现这种情况，往往是因为我们不确定到底哪一个目标更适合当下的自己，从而想要保留多种可能性，“内部赛马，优胜劣汰”。但实际上，我们的时间和精力有限，如果同时尝试多种方案，很可能导致一个目标都实现不了。

为此，我们在汇总目标这个步骤要进一步对这类目标进行决策，明确做哪个、不做哪个，或先做哪个、后做哪个。

下表是一个示例，供你参考。

努力方向	可选目标	确定汇总目标
提升职场地位	晋升内部中级工程师 或者转岗项目经理	晋升内部中级工程师
建立差异化竞争力	在公文写作上建立竞争优势， 或在演讲上建立竞争优势， 或在数据分析上建立竞争优势， 或在英语口语上建立竞争优势	1）在数据分析上建立竞争优势 2）在公文写作上建立竞争优势

关于如何选择实现同一目的的多个目标，每个人都有不同的考虑。比如提升职场地位，有人擅长考试，就会选择晋升职称；有人擅长管理，就会选择转岗项目经理。在实际执行时，你需要综合考虑自己当前的能力、资源和环境，通过评估这些

目标的可操作性来确定。

当然，有时你经过评估，认为尽管有些目标所对应的目的相同，但你还是都想实现，那都进行汇总也是可以的。

4.1.3 过滤重复的目标

有时候，同一份工作在不同的职业发展维度下会出现相同的目标。

比如我在专业能力维度下的项目经验方面有下表中的这些具体目标。

关键维度	方面	具体目标
专业能力	专业理论	
	专业技能	
	项目经验	1）完成 30 次整案咨询 2）公开出版职业转型书 3）公开出版职业复盘书 4）发布职业复盘课 5）积累 20 个职业复盘案例

我在内在满足维度下的成就需求方面有下表中的这些具体目标。

关键维度	方面	具体目标
内在满足	成就需求	1）公开出版职业转型书 2）公开出版职业复盘书 3）完成 30 次整案咨询 4）两例转行辅导 5）两例写书辅导
	归属需求	
	自主需求	

“完成 30 次整案咨询”“公开出版职业转型书”“公开出版职业复盘书”这 3 个具体目标，同时在不同的方面出现了两次，它们是可以直接合并的。

有时候，不同的工作之间也会出现相同的目标。

比如我的一位客户 Q，其主业是人力资源经理，副业是顾问，为其他企业提供人力资源体系的管理咨询。她在主业的通用能力维度下的功能型技能方面有下表中的这些具体目标。

主业分析环节之具体目标收集		
关键维度	方面	具体目标
通用能力	功能型技能	1）提升 PPT 设计能力，达到熟练设计 PPT 模板的水平 2）提升朋友圈文案写作能力，每周发 3 条朋友圈
	适应型技能	

她在顾问副业的通用能力维度下的功能型技能方面有下表中的这些具体目标。

顾问副业分析环节之具体目标收集		
关键维度	方面	具体目标
通用能力	功能型技能	1）提升 PPT 设计能力，达到熟练设计 PPT 模板的水平 2）提升商务沟通能力，以便自主开发客户 3）学会拒绝，将义务帮忙项目清零
	适应型技能	

“提升 PPT 设计能力，达到熟练设计 PPT 模板的水平”这个目标，同时出现在了 Q 的主业和副业中，因而可以直接合并。

4.1.4 合并核心任务重叠的连动目标

有些目标是通过完成同一件事情来实现的，我们称之为连动目标。连动目标可以合并，这样可以减少干扰。

比如我在个人资源维度下的目标“加入头马俱乐部，组团练习公开演讲”，其目的是拓展人际关系；在通用能力维度下的目标“完成 10 次公开演讲练习”，其目的是提升演讲水平。而实际上，实现这两个目标所做的事情是一样的——“在头马俱乐部练习演讲”。所以，拓展人际关系和提升演讲水平这两个目标是连动的，可以合并为一个，即“在头马俱乐部完成 10 次公开演讲练习”。

比如许鸣在经济回报维度有一个目标，是“获得中级职称津贴”；在内在满足维度有一个目标，是“取得嵌入式系统设计师资格认证”。而在许鸣的公司，取得嵌入式系统设计师资格认证就等同于具备了计算机中级职称，只要申报就可以获得中级职称津贴。所以，“取得嵌入式系统设计师资格认证”和“获得中级职称津贴”这两个目标是连动目标，可以合并为一个——“获得中级职称津贴”。

如果多个连动目标之间有依赖关系，应该保留依赖其他目标、但不被其他目标所依赖的那个目标。

以许鸣为例，“获得中级职称津贴”依赖于“取得嵌入式系统设计师资格认证”，但它不被“取得嵌入式系统设计师资格认证”依赖，所以，许鸣应该保留“获得中级职称津贴”。

如果不这样做，有些目标就会因为合并而被“遗漏”。

4.1.5 把多个小目标融合升级为大目标

在设定目标时，由于是从多个方面去思考的，有些目标设定得非常具体，但在实际行动中它属于某一个大目标的子目标或行为。如果我们不对这些子目标进行处理，汇总目标时可能会出现目标数量过多的情况，进而导致计划欠缺整体性和纲领性，最终可能会增加我们的行动负担，让执行效果大打折扣。因此，我们可以将这些子目标融合升级成更高层级的大目标。

比如许鸣在专业能力维度下的两个目标——“设计 3 个通信规约练习项目”和“参与 3 个通信规约商业项目”，实际上是服务于“提升通信规约开发能力”这个更大的目标，所以这两个目标可以合并，升级为更高层级的大目标——“提升通信规约开发能力到能胜任商业项目的水平”。合并后，目标看起来也更清晰。

再比如我的一位客户，他从服装行业转行进入了一家餐饮互联网公司，负责公众号的内容运营。他在进行职业复盘时，设定了“提升素材收集能力”“培养提炼观点的能力”“提升标题写作能力”“熟悉常见的新媒体文章写作框架”等具体目标。他的这几个具体目标，实际上是“成为新媒体写作高手”这个大目标的子目标，因而可以合并升级。

4.1.6 身兼多职时，为不同角色设定不同目标

有时你会在一件事情中扮演多个角色，不同角色会对应不同需求，需要分别设定目标。

比如你负责企业内部的培训工作，扮演“企业内训师”和“内部培训管理者”两个角色。这时，你可以针对“企业内训师”这个角色设定“成为优秀企业内训师”的目标，针对“内部培训管理者”这个角色设定“完善企业内训师服务体系”的目标。这样按照不同的角色设定不同目标，目标就会更加清晰。

以上就是汇总目标时可以重新思考的6种典型情况。参考这些情况，对分析环节得出的具体目标进行汇总，我们可以得出更为精简、更有指导意义的目标。

许鸣完成汇总目标这一步后，将22个目标变成了15个，具体结果如下表所示。

职业复盘					
调整环节					
目标	优先级	关键步骤（行为）	时间节点	反馈系统	奖励
1. 获得中级职称津贴					
2. 工资上涨15%					
3. 赚100天出差补助					
4. 参与核心项目Modbus转IEC 61850					
5.Bug率小于10‰					
6. 解决10个重要的Bug					
7. 在技术方面找1位成长伙伴					
8. 自学《算法》，手写10个经典排序算法					
9. 提升通信规约开发能力到能胜任商业项目的水平					
10. 成为PPTSTORE的原创作者					
11. 优化部门3款产品的宣讲PPT					
12. 掌握复盘技能，养成每周复盘的习惯					
13. 用PPT动画解读十大经典排序算法					
14. 养成赋予工作事务新意义的习惯					
15. 掌握5种设计模式					

凌霄汇总了主业和培训师副业的具体目标后，形成了7个目标，如下表所示。

职业复盘					
调整环节					
目标	优先级	关键步骤（行为）	时间节点	反馈系统	奖励
1. 成为公司新业务项目组成员					
2. 积极参与“樱花计划”					
3. 完成部门全年任务					
4. 拓展自己的行业人际关系					
5. 获得中级经济师资质认证					
6. 建立自己的 DISC 培训服务体系					
7. 学习 NLP 教练技术					

对比许鸣和凌霄的调整表格，你会发现许鸣的大多数目标规模较小，凌霄的大多数目标规模较大。这两种情况没有好坏之分，仅仅是和每个人所处的职场阶段、项目掌控能力等因素有关。所以你在汇总目标时，根据自己的实际状况来决定目标的大小即可。

4.2 设定目标优先级：增强行动效能

面对汇总后的众多目标，我们必须要回答“先实现哪个，后实现哪个”的问题。这主要是因为我们的时间和精力极其有限，不可能把所有目标都当成最重要的目标来实现。所有目标都一样重要，意味着你要对各个目标平均用力，而平均用力约等于没有用力，结果可能是没有一个目标能够顺利地实现。

然而，当我们试图从一系列的目标中挑选出最重要的几个时，往往会左右掂量、犹豫不决。这是因为我们没有明确的优先排序规则，所以容易陷入各个目标之间的得失比较。

要想避免这种状况，就要建立自己的目标优先等级体系，基于它们来引导思维、建立决策边界，增强行动效率和持续性。

4.2.1 建立目标优先等级体系的意义

建立目标优先等级体系有以下几个非常重要的意义。

（1）促进要事优先、行动聚焦

我们想做的事情通常会很多。比如我有一个客户 M，他想要通过职称考试（每年有 2 次考试机会），想要竞选科长（3 年 1 次），想要调任到新开发区工作（新开发区第 2 年 9 月正式启动），还想要争取委派出国（2 年 1 次）的机会。

如果 M 对于先做什么、再做什么缺乏评估原则，就会想要在同一时期内同时为实现这 4 个目标做准备，确保同时实现它们。这无疑是一个巨大的挑战，他的时间和精力很可能会被拆分得七零八落，导致他的职场目标难以实现。

而如果 M 有了目标优先等级体系，就可以清晰地为目标划分等级，使自己的行动更加聚焦，成功概率大大增加。

比如，M 按照升职优先原则，那么 4 个目标的优先排序可能如下。

· 一级：通过职称考试，竞选科长。
· 二级：调任到新开发区工作。
· 三级：委派出国。

M 如果优先出国交流，那么 4 个目标的优先排序可能如下。

· 一级：通过职称考试，委派出国。
· 二级：调任到新开发区工作。
· 三级：竞选科长。

实际工作中，具体采用哪种排序方式因人而异，关键在于你要去思考、建立自己的目标优先等级体系，使真正重要的目标浮出水面。

对于有些朋友而言这可能还是有些模糊，我再提供以下两条原则以供参考。

· **优先选择与门槛条件有关的行动**。比如，某些领域的从业基本资格认证、资质等就是门槛条件，无论你要在该领域如何发展，它们作为基础，都要尽早完成。

· **再优先选择和战略目标关系最紧密的行动**。比如，想要成为有影响力的培训师，就需要有自己的品牌课程。

（2）促进资源高效配置

有了目标优先等级体系之后，就可以给目标设定明确的优先级。而有了优先级，要为实现目标调配资源时就有了明确的原则；在资源有限（这是常态）时，我们就更容易决定把资源分配给哪个目标、分配多少。

比如，许鸣为目标优先等级体系定义了一级、二级、三级这三个优先级，一级最高，二级次之，三级最低。职业复盘时，许鸣为每个目标都设定了优先级。职业复盘结束后，许鸣发现自己想要完成的目标很多，可时间远远不够。这时，许鸣不用进行过多考虑就可以直接决策——时间分配向一级目标倾斜，优先保证一级目标的实现。

（3）遇到关联机会，可以迅速进行行动切换，提高效率

在实现目标的过程中，随着时间和环境的变化，很可能会出现一些我们原本没有设想到的可以深刻影响我们职业发展的机会。如果我们有与这些机会相关的储备目标和行动方案，就可以迅速进行行动切换，避免错失高速成长的机会，有效降低机会成本。

比如，A 的一级目标是通过完成职称进阶实现升职加薪，二级目标是培养演讲能力。在行动过程中，公司突然组织演讲比赛，比赛的前三名将被调入总公司。这时 A 的二级目标就可以切换到一级，高速推进该目标的实现，以便抓住机遇。

又如，B 的一级目标是竞选部门主管，二级目标是换一个部门工作。B 正在为竞选部门主管而努力时，公司发出内部通知说要在郑州开设办事处，面向全公司招募办事处主任。这时 B 的二级目标就可以快速启动了。

A 和 B 的储备目标都是在目标优先等级体系的指引下建立的。如果没有目标优先等级体系，他们就很难有相应的储备目标，从而很难抓住突然出现的机会。

目标优先等级体系可以让你对未来有所准备，帮助你成为有准备的人，并帮助你抓住关联机会、成就自己。

4.2.2 两步建立自己的目标优先等级体系

明确了建立目标优先等级体系的意义，我们再来看如何建立自己的目标优先等级体系。

（1）设定等级数量及各个等级的名称

你可以根据自己的习惯来确定将目标优先等级体系分为多少个等级。注意至少要有两个等级（如果只有一级，就等于没有分级别），但也别超过 4 个等级。超过了 4 个等级，你会在分级确认上耗费太多的精力，导致还没有行动精力就已消耗大半，得不偿失。

你可以依个人喜好和习惯为各个等级设定名称，如“一级、二级、三级……”“兔子、老虎、小狗……”“青铜、白银、黄金……”。但有一个原则需要遵循——你要一眼就明白这些等级之间的高低次序。

这里要提醒的是，目标优先等级体系设定的等级数量既要服务于自己的阶段性发展目标，又要匹配自己的行为风格，更要符合自己对可操作性的判断。

如果你不擅长处理复杂体系，等级数量就应设定得少一些；如果你习惯更加详细的分类，就可以把等级数量设定得多一些。

（2）设定等级标准

有了等级数量和等级名称，还需要给各等级赋予其代表的意义，也就是等级标准。

这里提供以下几种常见的方法供你参考。

a. 从资源分配和是否行动两个维度来描述等级标准

资源分配指你如何为目标配置资源，这里的资源主要包括时间、精力、金钱等。

是否行动指你是否为实现这个目标付诸行动。

参考这两个维度，我们可以把优先等级设定成三级，每个等级的含义如下。

- 先做等级：分配大部分资源，付诸行动。
- 要做等级：分配一定的资源，付诸行动。
- 想做等级：占用少量资源进行思考和分析，并不付诸行动。

b. 从完成意愿的强烈程度来描述等级标准

比如，小强为自己的目标优先等级体系定义了老虎、狐狸、瘦狗、山猫 4 个等级，每个等级的含义如下。

- 老虎等级：本阶段必须完成的目标。
- 狐狸等级：本阶段不强制要求完成的目标。
- 瘦狗等级：本阶段投入一定精力并付诸行动，但不作为近期的进阶目标。
- 山猫等级：顺其自然，有好机会就做，没有机会就等待。

c. 目标优先等级评估表

目标优先等级评估表是我设计的一个工具，它可以根据多种影响因素对目标的影响程度，综合评估出各个目标的优先级。

目标优先等级评估表如下表所示。

影响因素	A 目标	B 目标	C 目标	……
等级判定				

第一列填写影响目标优先等级的几个核心因素。

影响目标优先等级的因素有很多，比如耗时、机遇的时效性、个人状态、刚性条件要求……你需要确认其中的核心因素（3~5个），把它们填入表格，如下表所示。

影响因素	A 目标	B 目标	C 目标	……
刚性条件要求				
机遇的时效性				
个人状态				
耗时				
等级判定				

在一定时间范围内，每个因素对于目标的影响可以分为 3 个程度：强、一般、弱。

在评估每个因素对目标的影响程度时，请将评估出的程度结果填入影响因素和目标交叉定位出的单元格内，如下表所示。

影响因素	A 目标	B 目标	C 目标	……
刚性条件要求	强	弱	一般	
机遇的时效性	弱	一般	一般	
个人状态	强	强	一般	
耗时	一般	一般	强	
等级判定				

完成了前面几步基础操作，我们来到了使用目标优先等级评估表最重要的部分——建立确定等级的规则，即什么情况算一级，什么情况算二级、三级。（你的等级名称可能不是一级、二级、三级，操作时使用你自己确定的等级名称即可。）

具体来讲，规则主要分为单因素归类和统计归类。

单因素归类是指只要某个目标在某个影响因素上出现某种情况，就把这个目标归为某个优先等级。

比如，个人状态影响因素为“强”就将目标归为第一等级，耗时影响因素为“强”就将目标归为第一等级。

应特别注意的是，“爱”和“痛”都可能让我们有强烈意愿展开行动，我们在设定优先级判断原则时需要从这两个角度去思考，避免只想到了“爱”而忽视了“痛”。现实中，很多时候是“痛”在促使我们行动。

统计归类指根据影响因素对目标的影响程度设立综合判断条件，当达到某个条件时，就把目标归为某个优先等级。

比如，某个目标有不少于 2 个强影响，或 1 个强影响 3 个一般影响，归为第一级别；如果某个目标没有强因素，也不超过 2 个一般因素，归为第三级别；其他归为第二级别。

下表是一个综合示例。

影响因素	A 目标	B 目标	C 目标	……
刚性条件要求	强	弱	一般	
机遇的时效性	弱	一般	一般	
个人状态	强	强	一般	
耗时	一般	一般	强	
等级判定	三级	二级	一级	

以上就是设定等级标准的常见方法。优先等级的判断标准是

为目标设定优先级的基础，请你一定先明确自己定义的每个等级标准，否则你在接下来的操作中仍会左右为难。

4.2.3 确定各目标的具体优先级，让重要的事情靠前站

设定了等级标准后，你就可以按照自己的目标优先等级体系，为汇总后的目标设定具体的优先级了。

下面是许鸣完成这个步骤后的表格。

职业复盘					
调整环节					
目标	优先级	关键步骤（行为）	时间节点	反馈系统	奖励
1. 获得中级职称津贴	一级				
2. 工资上涨 15%	一级				
3. 赚 100 天出差补助	一级				
4. 参与核心项目 Modbus 转 IEC 61850	一级				
5. Bug 率小于 10‰	一级				
6. 解决 10 个重要的 Bug	一级				
7. 提升通信规约开发能力到能胜任商业项目的水平	一级				
8. 自学《算法》，手写 10 个经典排序算法	二级				
9. 用 PPT 动画解读十大经典排序算法	二级				
10. 掌握复盘技能，养成每周复盘的习惯	二级				
11. 掌握 5 种设计模式	二级				
12. 在技术方面找 1 位成长伙伴	三级				
13. 成为 PPTSTORE 的原创作者	三级				
14. 优化部门 3 款产品的宣讲 PPT	三级				
15. 养成赋予工作事务新意义的习惯	三级				

下面是凌霄完成这个步骤后的表格。

职业复盘					
调整环节					
目标	优先级	关键步骤（行为）	时间节点	反馈系统	奖励
1. 成为公司新业务项目组成员	一级				
2. 积极参与领导“樱花计划”	一级				
3. 完成部门全年任务	一级				
4. 拓展自己的行业人际关系	二级				
5. 获得中级经济师资质认证	二级				
6. 建立自己的 DISC 培训服务体系	一级				
7. 学习 NLP 教练技术	二级				

在确定目标优先级时，以下几点需要特别注意。

首先，要为每个目标划分优先级。

其次，在同一时间段内，把最高优先级的目标数量控制在 2~3 个。

最后，一旦确定了目标优先级，请注意一段时间内不要更改。这就好像做数学题一样，如果我们可以随意更改定义，就不会有确定的答案。

现在，你可以为自己的目标设定优先级了。

4.3 制订目标行动方案：让目标落地

设定完目标的优先级，我们就可以开始为目标制订行动方案了。这个过程比较耗时，不是一二十分钟或一两个小时就可以完成的，通常需要一两周的时间才可以做出具备可行性的行动方案。

在实际操作中，你不必等到所有目标的行动方案都完成后才开始行动，只要完成了高优先级目标的行动方案就可以开始行动，然后在行动中找合适的时机去制订低优先级目标的行动方案。

那如何确定适合自己的行动方案呢？

想象一下，你要开车去一个陌生的地方，不知道路线。这个时候，你就会使用手机地图来导航。打开手机地图后，你只需明确起点和终点，导航系统就会提供多个行驶方案，你只要根据自己的情况做一番分析，选择适合自己的行驶方案即可。接下来，你只要跟着导航驾驶就行了。

我们现在的情况和使用手机地图导航明确驾驶路线是类似的。起点是当前的状况，我们通过回顾和分析已经明确了起点。终点也已经有了，就是新的目标。接下来要完成的事情就是“收集驾驶路线”“分析驾驶路线”“选择驾驶路线”，也就是收集备选行动方案、分析备选行动方案和选择合适行动方案。

4.3.1 4 种方法，收集备选行动方案

与导航系统不同的是，我们不大可能在弹指之间就知道实现一个目标有多少个备选行动方案。为此，我们需要先进行收集，多找几个可行的备选行动方案，给自己更大的选择空间，提高成功的概率。

那怎么收集备选行动方案呢？我们可以参考以下几种方式。

（1）检索公共信息

当下，检索公共信息的渠道多种多样，各种搜索引擎、App、图书馆、档案馆等都沉淀了丰富的公共信息。

在收集备选行动方案时，我们可以先利用公开渠道，交叉使用多种方式来检索，快速建立对某个领域的整体认知。

我们在收集过程中需要特别注意信息的时效性，毕竟不同行业发展演进的速度不同。同样 5 年时间，有些行业的变化不大，有些行业却已经更新换代好几次了。对应的，同样是 5 年前的信息，在有的行业还适用，在有的行业却已经失效了。如果我们忽略了信息的时效性，就可能根据失效的信息制订行动方案，从而达不到我们想要的效果。所以，收集备选行动方案时，不妨主动确认一下相关信息的时间。

（2）请教行家

行家能够根据需求快速给出参考实现方案。请教行家，从他们那里寻找备选行动方案，是相当有效的方式。

那么，何为行家呢？

如果某个人在某个领域中的专业理论、专业技术和专业经验

三个方面有任意一方面非常突出，就可能是我们寻找的行家。

那么，如何寻找行家呢？

寻找行家分为两步，一是知道谁是行家，二是知道如何联系行家。

第一步，知道谁是行家，我们可以通过行业内的期刊、著作等来了解，也可以通过提供咨询服务的网站、App、公众号等来了解，还可以通过身边的朋友资源来了解……

第二步，知道如何联系行家，常见的方法有以下几种。

- 通过身边的人际关系资源进行联系。其优点是沟通会相对充分，了解的信息相对丰富；缺点是专业程度有待确认，信息适用性有待确认。
- 付费约见。其优点是容易实现，可选择的资源相对丰富，信息适用性会更好；缺点是成本可能较高，同时也有很多干扰因素可能影响你对行家能力的判断。
- 通过行家公开门户进行联系。其优点是溯源性更强，联络方便，成本较低；缺点是时效性较差。

（3）咨询从业者

这里的从业者可以是正在做某些业务的人，也可以是曾经做过某些业务的人。

关于行动方案，我们需要收集的信息更偏重经验信息。如果说从行家那里得到的是多种可行性方案，那么从从业者这里得到的就是多种可行性方案落地时可能出现的真实情况。两者结合，我们就得到了理论和实际等多个层面的参考信息。

比如，你想进入养猪行业，并根据行家的方案选好了地方，设计了猪舍。这个时候，寻找当地养猪的从业者进行更多的交流，你可能就会发现存在猪舍的监控系统投入不够、猪舍的备用清洁水源准备不足、猪舍不符合当地政策要求等一系列实际操作中的问题。

这些行业（领域）内的实际问题是不会主动展现在你面前的，你只有向从业者咨询，才可能了解到真实情况。

（4）从专业机构收集专业信息

专业信息需要从专业机构获取，这里列举以下几类专业信息及其来源。

- 政府信息：政府网站或相关单位网站。
- 行业信息：行业权威机构或媒体。
- 考试信息、考证信息、企业信息：特定项目服务机构。

专业信息对很多行动的决策而言至关重要，往往“差之毫厘，谬以千里”。专业信息溯源收集是减少决策误差的非常直接的办法，是我们重要的信息收集方式。

前面讲了 4 种收集备选行动方案的方式。在收集信息的过程中，我们获取到的信息很可能是局部的或碎片化的，需要经过多次整理才可能形成一个清晰的行动方案。在这个过程中，我们可以用下表来记录收集到的信息。

目标	方案简称	关键内容	信息来源

在信息收集阶段，我们需要注意以下 3 点。

（1）案例的时效性

我们在介绍“检索公共信息”时提到过信息的时效性，案例也一样具有时效性。你可能听某个人说起他 10 年前的做法，但如果将他的这种做法放到现在，也很可能会失效，因为社会环境、行业环境等都在变化。

比如，2021 年，如果一位想转行做软件开发的伙伴来向我取经，我会告诉他，2005 年，我是通过自学 C 语言，然后海投简历，不断根据笔试和面试的反馈查漏补缺，最终转行成为售后技术支持工程师的。但如果他采取我的行动方案，通过自学 C 语言、海投简历寻找软件开发工作，那他成功的可能性就非常低，很可能遭遇接二连三的打击，然后放弃。

为什么呢？

因为行业环境变了。15 年前，软件开发领域快速发展，初级人才也有市场缺口，而现在，市场基本不缺初级人才。

所以，当你想从某个案例中分析行动方案时，一定要留意其时效性。

（2）数据的代表性

我们在收集信息时也要注意数据的代表性。尤其在跟一些熟人沟通时，对方可能会把自己遇到的个性数据当作共性数据分享给你。在很多时候，这个数据误差对我们的决策有非常大的不良影响。

比如你想发展副业以增加收入，于是将经营公众号作为一个选项。你从公共信息渠道了解到，这个领域的红利已经消失，竞争激烈。你去问一个经营公众号的朋友，朋友告诉你红利消失与否并不是关键，关键是内容好。然后他列举了自己身边的案例，说他们都是 2020 年下半年才开始经营公众号的，现在都已经有十多万粉丝了。

根据我对这个领域的了解，你的朋友给出的案例，很可能受到了“幸存者偏差”的影响，是个性数据，而不是新入行者普遍存在的真实现状。你如果根据他的建议拟定经营公众号的行动方案，很可能实现不了自己的目标。

因此，我们在收集信息和数据的过程中要有意识地做一些甄别，降低自己的决策风险。

（3）从多个渠道收集信息并进行对比

同一个业务，不同渠道的人员可能熟悉不同的环节，积累的信息也不相同。

比如公开出版图书这个业务，作者、编辑、书店、读书会运营者等积累的信息可能各不相同，各有各的侧重点。

相应地，从不同渠道收集的信息会有不同的侧重点，对比这些信息，我们会有更大的收获。同时，这样做也有利于评估解决方案的真实性和可行性，避免偏听偏信。

4.3.2 6 个要点，分析备选行动方案

收集到的备选行动方案是不是适合自己操作，需要经过分析之后才能做出判断。整个分析过程可以通过下表来进行。

行动方案分析							
方案名	关键步骤（行为）	必要条件	所需资源	时间周期	价值观	优点	缺点

（1）关键步骤（行为）

只有明确每个备选行动方案的关键步骤（行为），我们才可能更好地理解行动方案，评估该行动方案是不是适合自己。

很多伙伴会担心自己分解出的关键步骤不够详细，没有指导意义。实际上，我们在做行动方案分析时，不需要特别具体的操作细节，只需覆盖重点框架、环节、流程，让人能理解就可以了。这就类似于画动物，骨架勾勒出来了，画的是什么动物也就确定了。

对于公开出版一本书这个目标，我们将关键步骤（行为）细化到“确定选题、整理大纲、撰写样章、与出版社签约、每天写 3000 字、定期跟编辑沟通……”的程度就可以了。

有人可能会问，将出版图书的目标，分解到上面这些步骤还是有些不清楚，这该怎么办呢？

出现这种情况是正常的，因为不同的人对同一个领域了解的深浅程度不一样，针对同一个关键步骤（行为）描述，就会出现有人觉得清晰有人觉得模糊的现象。如果你觉得模糊，那就再去了解信息，再做更细致的分解，直到自己感到关键步骤清晰具体为止。

记住，关键步骤（行为）细化到什么程度没有统一的标准，最重要的原则是你基于自己所掌握的信息能够准确地理解。

（2）必要条件

有些行动方案需要个人、公司、国家政策、社会环境等各方面都满足一定的条件才可以落地。

- 你要到学校去兼职授课，就必须有教师资格证。
- 你想要以自学的方式备考信息系统项目管理师，就必须有足够的自我管理能力。
- 你想要赚出差补助，公司必须有相关规定支持。

所以，我们需要清楚每一个行动方案有哪些必要条件，这样才能判断这个行动方案是不是适合自己。

（3）所需资源

行动方案落地需要配套资源，我们需要找出关键资源并将其记录下来，以供后面决策时参考。

比如，张三提升收入的行动方案是成为部门经理，而成为部门经理必须得到王总的认可，那么王总就是关键资源。

比如，许鸣想要修复 10 个重要的 Bug，验证 Bug 需要特定的测试环境和设备，这些测试环境和设备就是关键资源。

（4）时间周期

在考虑一个目标的实现时，我们往往有时间方面的预期，比如这个目标想在 3 个月内实现，那个目标想在 2 年内达成，而实现同一个目标的不同行动方案的用时未必相同。

比如你想要拓展一个新的副业——撰写书评，有以下两个行动方案。

第一，自我修炼，通过掌握快速阅读的方法，学习书评写作，在豆瓣输出高质量书评来引起编辑关注，与 3 家出版社建立付费书评合作关系。

第二，培训学习，参加某图书变现训练营，学习书评写作和文案写作，签约机构，从机构处承接付费写书评任务。

第一个行动方案可能需要耗费 2~3 年，第二个方案可能只需要耗费 3~6 个月。这种时间周期上的显著差异会深刻影响你的决策。

所以，为了更好地做出选择，我们需要清楚每个行动方案达成目标的时间周期。

（5）价值观

你从不同渠道收集到的行动方案，往往会带着渠道自身的价值观。

比如你想竞聘公司某办事处经理，于是咨询了两位有经验的同事。一位同事提供的行动方案是准备充分的素材，设计吸引评委的 PPT，在竞聘时正面比拼。另一位同事提供的行动方案是收集竞争对手的违规材料，匿名举报，让其失去竞选资格。

这两个行动方案就体现了两种不同的价值观。

你会选择哪一个行动方案呢?

这是我们在筛选行动方案时经常会碰到的情况，如果不清楚哪个行动方案和自己的价值观更匹配，贸然选择了不合适的行动方案，就可能出现情感和行动背离的情况，导致行动半途而废。

所以在收集行动方案时，我们要记得辨识其中蕴含的价值观。

（6）优缺点分析

前面提到了拓展书评副业的两个行动方案："自我修炼"方案，金钱成本低，但时间成本和机会成本高；"培训学习"方案，时间成本低，但金钱成本高。

选择不同的行动方案，意味着付出不同的代价。

如果你不大在意金钱，更在意时间，想在更短的时间内获取结果，可能会选择"培训学习"方案。如果你不大在意时间，更在意金钱，可能会选择"自我修炼"方案。

这就是优缺点分析的过程：从自己的视角出发，明确备选行动方案的利弊，然后结合自己能够付出的代价选择适合自己的行动方案。

我分析了书评副业的两个行动方案供你参考，请看下表。

行动方案分析							
方案名	关键步骤（行为）	必要条件	所需资源	时间周期	价值观	优点	缺点
自我修炼	1）掌握快速阅读的方法 2）学习书评写作 3）在豆瓣输出高质量书评 4）与3家出版社建立付费书评合作关系	自我规划、自我管理、持续输出	1）计算机 2）大量时间	2~3年	自力更生	省钱	1）费时间 2）机会成本高
培训学习	1）参加某图书变现训练营 2）学习书评写作和文案写作 3）签约机构 4）从机构处承接付费写书评任务	写出满足签约条件的优秀作品	1）计算机 2）一定数额的金钱	3~6个月	效率为王	省时间	金钱成本高

4.3.3 3类评估，选择合适的行动方案

面对实现同一目标的多个行动方案，我们要选择的是适合自己操作的那一个。如何判断一个行动方案是否适合自己操作呢？下面3类评估可供参考。

（1）价值观认可性评估

价值观认可性评估，主要是针对各行动方案实施后将会给自己带来的结果，尤其是精神道德等方面可能出现的结果进行预判，评估自己能否接受。如果能接受，则代表评估通过。

下面是竞选部门经理的两个不同行动方案，其中蕴含着两种不同的价值观。

- 我一定要全力以赴，准备充分的业绩材料，模拟演练各种可能出现的问题，以最好的状态参加竞选。这既是对自己的信任，也是对李怡这个对手的尊重。
- 我跟李怡的关系虽然不错，但部门经理的位置对我非常重要，我要尽一切努力增加胜算，绝不容许任何意外发生。因此，我要把她以前违反公司规定的事情散播出去，引发大家对她的负面舆论，降低她胜出的可能性。

想象一下，如果是你，哪个行动方案在精神层面的影响会让你难以承受？

如果你选择了一个更容易胜出但与价值观不符的行动方案，心中就可能不通畅，行动中必然会有很多失衡之处，可能无法长久坚持下去。

所以，价值观可行性评估非常重要，需要优先进行。

（2）可操作性评估

我们选择行动方案是为了便于落地执行，实现目标。因此，行动方案的可操作性非常重要。可操作性评估主要评估个人的能力和各项资源是否满足某个行动方案的操作条件。满足，行动方案就具备可操作性；不满足，行动方案就不可操作。这里列举以下例子。

- 某行动方案需要现金 100 万元，目前我只有 10 万元且无法筹集所缺资金，行动方案不可操作。
- 某行动方案需要立即出差半年，目前妻子怀孕 6 个月，需要时时照顾，行动方案不可操作。

· 某行动方案的某个环节只有高级钳工才能完成，短期内寻找不到符合要求的技工，行动方案不可操作。

（3）时间可行性评估

行动方案具备可操作性，就有了执行的基础。但能不能真的执行，我们还要进行时间可行性评估（评估时间是否可接受）。

我举 2 个例子，方便你理解。

设想一下，你为了提升职场地位，收集了一个晋升中层管理者的行动方案。可是，中层管理岗位要求候选人年龄要在 35 岁以内，并且具备 ×× 资质；你目前 34 岁，获得 ×× 资质还需要 2 年，时间上就来不及，因此晋升中层管理者的行动方案不适合你。

许鸣今年的重要目标是提高收入，他设想了多个行动方案，其中一个行动方案是通过嵌入式系统设计师资格认证，申请中级职称津贴。许鸣报名参加今年 5 月的认证，预计今年 11 月拿到证书，然后就可以申请津贴。这是最快的做法，虽然享受成果要等到今年 12 月或者明年 1 月。许鸣评估后觉得时间上可行，于是确认执行这个行动方案。

做完上述 3 类评估后，你最终要选择的行动方案就明确了。

我设计了如下的工具表格，它能够可视化评估过程，辅助你更好地决策。

选择行动方案				
备选行动方案	价值观认可性	可操作性	时间可行性	最终结果
行动方案 1	√	×	×	×
行动方案 2	√	√	√	√
行动方案 3	×	√	√	×

一旦你确定了最终行动方案，就可以将该行动方案的关键步骤（行为）填入调整表格中。

读到这里，你也许会有疑问——难道每个目标都要找多个行动方案来评估吗?

这倒不一定，我们介绍的是普遍适用的逻辑和方法，在实际操作时，你可以根据实际情况来变通。

比如你对某个领域非常熟悉，可以很快定位到该领域内目标的可行方案，那也可以直接使用该方案，略过收集、分析、选择这些过程。

但如果有些目标涉及你不熟悉的领域，你最好按照前面介绍的方法来制订目标行动方案，这样可以避免在欠缺知识的基础上做出自己认为正确其实错误的选择。

许鸣经过一段时间的工作，确定了所有一级目标的行动方案，结果如下表所示。

职业复盘					
调整环节					
目标	优先级	关键步骤（行为）	时间节点	反馈系统	奖励
1. 获得中级职称津贴	一级	每天复习2小时，通览教材			
		报名嵌入式系统设计师资格认证			
		集中刷题，查漏补缺			
		参加并通过认证			
		申报中级职称津贴			
2. 工资上涨15%	一级	与领导沟通晋升，请领导给出指导意见和针对性的工作安排			
		对标晋升要求开展工作			
		与领导沟通并申请晋升			
		准备答辩素材，撰写答辩PPT			
		模拟答辩2次			
		参与并通过晋升答辩			
		整理材料，与领导谈加薪幅度			
3. 赚100天出差补助	一级	争取经常出差的工作任务			
		与不愿出差的同事沟通，请他们在被安排出差时推荐自己			

续表

职业复盘					
调整环节					
目标	优先级	关键步骤（行为）	时间节点	反馈系统	奖励
4. 参与核心项目 Modbus 转 IEC 61850	一级	学习 Modbus 和 IEC 61850			
		了解项目，明确可参与的任务			
		准备资料和理由，与领导沟通			
		参与项目，按要求完成任务			
		撰写 Modbus 转 IEC 61850 文档			
5. Bug 率小于 10‰	一级	严格遵循先设计再编码原则			
		提交代码前消除所有编译警告			
		采用 PC-Lint（一种 C/C++ 代码静态分析工具）做静态代码分析			
6. 解决 10 个重要的 Bug	一级	挑选 10 个重要级别的 Bug			
		修复 Bug			
7. 提升通信规约开发能力到能胜任商业项目的水平	一级	完成 3 个 IEC 104 练习项目			
		参与 3 个通信规约商业项目			

凌霄为自己的所有目标都设定了行动方案，结果如下表所示。

职业复盘					
调整环节					
目标	优先级	关键步骤（行为）	时间节点	反馈系统	奖励
1. 成为公司新业务项目组成员	一级	了解新业务项目组成员岗位设置及要求			
		对标岗位明确自己的竞争优势			
		主动向领导推荐			
2. 积极参与“樱花计划”	一级	了解“樱花计划”的内容及领导的根本意图			
		明确自己的优势及角色位置			
		积极努力创造条件，与领导进行探讨和交流，早日锁定位置			
3. 完成部门全年任务	一级	拓展 3~5 个大客户，老客户流失率 <10%			
		取得 1 组和 3 组两位组长的信任，构建团结拼搏氛围			
		公开并落实任务奖罚机制			
		结识 10 位业内经理级以上级别的人员			
4. 拓展自己的行业人际关系	二级	参加总部管理层培训			
		参加行业领军人物峰会			
5. 获得中级经济师资质认证	二级	选定教材开始学习			
		报名			
		根据情况分重点完成认证			

续表

职业复盘					
调整环节					
目标	优先级	关键步骤（行为）	时间节点	反馈系统	奖励
6. 建立自己的 DISC 培训服务体系	一级	开发企业 DISC 培训课程			
		与 3 家培训机构签约			
		开发个人 DISC 培训课程			
		积累 100 个 DISC 测评案例			
		构建 3 个人的社群运营团队			
		开设 5 期个人课程			
		深度结交 10 名培训师			
		每周发布 1 篇公众号文章，全年获得 1000 名粉丝			
7. 学习 NLP 教练技术	二级	准备 5 万元学习基金			
		确定跟谁学			
		报名学习			
		通过考核，获得认证			

现在，你可以静下心来为自己的目标制订行动方案了。这是一个很有挑战的任务，你可以多给自己一点时间来收集、分解、选出方案。

4.4
设定时间节点：提升行动紧迫感

完成上一步操作后，我们已经确定了目标的行动方案，明确了关键步骤（行为），接下来就需要根据自己的实际情况给关键步骤（行为）设定时间节点。这个时间节点并非是一个准确到分秒的具体时间，而是一个时间段或是截止日期，表示要在这个设定的时间节点之内完成相应的关键步骤（行为）。

设定时间节点时，你需要注意以下几点。

- 你可以为每一个关键步骤（行为）设定时间节点，也可以针对整个目标设定时间节点。
- 不要轻视容易完成的目标，你不妨提前安排这些容易完成的目标，这样既可以为大脑减负（完成了就不用惦记了），又可以避免因忙于完成艰难的目标而没有时间或精力来完成这些容易的目标。
- 同一时间段内同时展开的行动不要超过5个。
- 注意行动方案的时间周期，避免错过真正的时间要求。
- 行动中会遇到各式各样的情况，要给自己预留可调整的空间，避免超负荷安排。

许鸣对关键步骤（行为）设定时间节点后的调整表格如下。

职业复盘					
调整环节					
目标	优先级	关键步骤（行为）	时间节点	反馈系统	奖励
1. 获得中级职称津贴	一级	每天复习 2 小时，通览教材	2021 年 1 月—4 月		
		报名嵌入式系统设计师资格认证	2021 年 3 月		
		集中刷题，查漏补缺	2021 年 5 月		
		参加并通过认证	2021 年 5 月		
		申报中级职称津贴	2021 年 11 月		
2. 工资上涨 15%	一级	与领导沟通晋升，请领导给出指导意见和针对性的工作安排	2021 年 2 月		
		对标晋升要求开展工作	2021 年 2 月—12 月		
		与领导沟通并申请晋升	2021 年 12 月		
		准备答辩素材，撰写答辩 PPT	2021 年 12 月		
		模拟答辩 2 次	2021 年 12 月		
		参与并通过晋升答辩	2021 年 12 月		
		整理材料，与领导谈加薪幅度	2022 年 1 月		
3. 赚 100 天出差补助	一级	争取经常出差的工作任务	2021 年 1 月—12 月		
		与不愿出差的同事沟通，请他们在被安排出差时推荐自己	2021 年 2 月		

续表

职业复盘					
调整环节					
目标	优先级	关键步骤（行为）	时间节点	反馈系统	奖励
4. 参与核心项目 Modbus 转 IEC 61850	一级	学习 Modbus 和 IEC 61850	2021 年 1 月—2 月		
		了解项目，明确可参与的任务	2021 年 2 月		
		准备资料和理由，与领导沟通	2021 年 3 月		
		参与项目，按要求完成任务	2021 年 3 月—6 月		
		撰写 Modbus 转 IEC 61850 文档	2021 年 6 月		
5. Bug 率小于 10‰	一级	严格遵循先设计再编码原则	2021 年		
		提交代码前消除所有编译警告	2021 年		
		采用 PC-Lint 做静态代码分析	2021 年		
6. 解决 10 个重要的 Bug	一级	挑选 10 个重要级别的 Bug	2021 年 6 月		
		修复 Bug	2021 年 6 月—7 月		
7. 提升通信规约开发能力到能胜任商业项目的水平	一级	完成 3 个 IEC 104 练习项目	2021 年 7 月		
		参与 3 个通信规约商业项目	2021 年 7 月 —12 月		

凌霄完成这一步后，调整表格如下。

职业复盘

调整环节

目标	优先级	关键步骤（行为）	时间节点	反馈系统	奖励
1. 成为公司新业务项目组成员	一级	了解新业务项目组成员岗位设置及要求	2 月		
		对标岗位明确自己的竞争优势			
		主动向领导推荐			
2. 积极参与“樱花计划”	一级	了解“樱花计划”的内容及领导的根本意图	9 月		
		明确自己的优势及角色位置			
		积极努力创造条件与领导进行探讨和交流，早日锁定位置			
3. 完成部门全年任务	一级	拓展 3~5 个大客户，老客户流失率 <10%	每季度约拓展 1 个大客户		
		取得 1 组和 3 组两位组长的信任，构建团结拼搏氛围	2 月		
		公开并落实任务奖罚机制	2 月		
		结识 10 位业内经理级以上级别的人员	全年		
4. 拓展自己的行业人际关系	二级	参加总部管理层培训	8 月		
		参加行业领军人物峰会	10 月		
5. 获得中级经济师资质认证	二级	选定教材开始学习	2 年内完成此目标		
		报名			
		根据情况分重点完成认证			

续表

职业复盘					
调整环节					
目标	优先级	关键步骤（行为）	时间节点	反馈系统	奖励
6. 建立自己的 DISC 培训服务体系	一级	开设企业 DISC 培训课程	3 月		
		与 3 家培训机构签约	5 月前		
		开设个人 DISC 培训课程	3 月		
		积累 100 个 DISC 测评案例	10 月前		
		构建 3 个人的社群运营团队	2 月—5 月		
		开设 5 期个人课程	3 月 /5 月 /7 月 /9 月 /11 月		
		深度结交 10 名培训师	全年		
		每周发布 1 篇公众号文章，全年获得 1000 名粉丝	5 月开始		
7. 学习 NLP 教练技术	二级	准备 5 万元学习基金	待定		
		确定跟谁学			
		报名学习			
		通过考核，获得认证			

对于时间节点，我们也可以用下面这种表格来进行安排。它的关键好处是使人对时间计划一目了然。

实际操作时，你可以根据自己的需要设定时间周期，不仅是月，还可以是半月、旬或周，但建议不要小于周。

职业复盘

调整环节

目标	优先级	关键步骤（行为）	1月	2月	3月	4月	5月	6月	7月	8月	9月	10月	11月	12月	反馈系统	奖励
获得中级职称津贴	一级	每天复习 2 小时，通览教材														
		报名嵌入式系统设计师资格认证														
		集中刷题，查漏补缺														
		参加并通过认证														
		申报中级职称津贴														

4.5 建立有效的反馈系统：让效果看得见

我们的行动其实是一个试错的过程，对了就继续，错了就调整后再继续。这期间，我们如果对行动过程中的效果不予关注，很可能难以收获自己想要的结果。而要想随时知道行动的效果并根据效果调整行为，我们就要为行动方案建立有效的反馈系统。遗憾的是，这是大多数人都会忽略的环节。

有效的反馈系统由 4 个部分组成：数据统计、直观效果、应急预案和可信任的外脑支援。

（1）数据统计

数据是评估效果的重要参考，比如考试成绩可以评估学习效果，销售额可以评估营销方案的效果，无故障运行时间可以评估软件系统的质量……

因此，我们将数据统计作为反馈系统的首要模块。

数据统计包含两部分——用什么数据来评定效果，以及怎么收集这些数据。

比如，要评估营销方案的效果，数据可以用销售额，销售额可以从销售日报中获取。收集方式可以是通过邮件，只要规定销售人员每天下午 6 点通过邮件上报当天的销售日报就可以了。

（2）直观效果

很多行动的效果没有办法用数据来展现。

比如，你做了一些事情想要改善与经理的关系，可以用什么数据来衡量你们关系的改善程度呢?

这很难找到合适的数据。

这时，就可以采用直观效果来评估。比如，你可以回顾最近与经理的谈话，如果他跟你说话时的语气相比以前变得更为友善，那就说明你们的关系变融洽了。

直观效果不仅可以用在无法用数据评估效果的场景，在有数据可用的情况下，有时也可以采取直观效果从感性层面评估。比如，你可以用体脂率、腰臀比等数据来衡量健身效果，也可以对着镜子观察身体各部位的线条。

（3）应急预案

在行动的过程中，必然会出现各种各样的状况，为此我们需要建立应急预案来应对可能出现的紧急状况；否则意外来临，我们可能难以迅速、恰当地进行处理。

应急预案分为以下 4 种。

a. 退出应急预案

并非每个行动都能如我们所愿建立退出机制，在特定条件下退出或者终止行动，可以达到及时止损、减少资源浪费的目的。

比如，产品推广成本投入超过 100 万元，但利润回报不足 10%，即可暂停业务。

又如，推进副业时，如果副业占用的精力和时间超过 30%，则应暂停投入并立即总结，评估是否进行主副业的调整。

b. 加速应急预案

行动的效果有时会超出预期，这时就需要加速推进行动，避免错失良机。提前设定加速条件和应急预案，当条件满足时就可以启动预案以加速推进。

比如，若上半年提前完成新产品研发工作，则可以提前启动产品上市工作。

又如，若部门在 2 个月内完成磨合，则可以提前承接项目。

c. 不可抗力应急预案

当政策、自然环境或家庭环境等出现某些不可抵抗的状况（不可抗力）时，会给行动带来巨大的不利影响，如果没有应急预案，就会导致严重损失。所以，对于不可抗力，我们要提前做应急预案，增强行动的可控性，尽可能降低损失。

比如，如果政策变化，业务中应保证 b（加速应急预案）与 c（不可抗力应急预案）模块正常运行，其余模块根据政策进行相应调整。

又如，如果发生 5.0 级以上地震，整个工程应启动二级警报。

d. 其他应急预案

有些情况是行业、公司或个人独有的，为这些情况提前设定的应急预案，称为其他应急预案。

比如，项目中有员工怀孕，孕期前 3 个月内可以安排替补人员进行岗位调换。

又如，施工现场发现古迹，应立刻上报政府部门，相关工程队人员应暂时调配到其他项目，等政府部门给出结论后再做安排。

（4）可信任的外脑支援

当行动中遇到问题时，借助于外脑思考是突破困境的有效方法。为此，在反馈系统中针对每个行动方案提前建立一个可信任的外脑群，不仅有助于我们在行动中获取更多的指导，还有助于在困境中有效降低可能付出的代价。

比如，法律问题找赵律师，财务问题找张会计，经营问题找李总。

许鸣为自己的一级目标建立了反馈系统，结果如下表所示。

职业复盘					
调整环节					
目标	优先级	关键步骤（行为）	时间节点	反馈系统	奖励
1. 获得中级职称津贴	一级	每天复习 2 小时，通览教材	2021 年 1 月—4 月	模考成绩；正式成绩；失败则下半年再考	
		报名嵌入式系统设计师资格认证	2021 年 3 月		
		集中刷题，查漏补缺	2021 年 5 月		
		参加并通过认证	2021 年 5 月		
		申报中级职称津贴	2021 年 11 月		
2. 工资上涨 15%	一级	与领导沟通晋升，请领导给出指导意见和针对性的工作安排	2021 年 2 月	领导意见；向最近晋升过的同事请教经验；加薪的结果	
		对标晋升要求开展工作	2021 年 2 月—12 月		
		与领导沟通并申请晋升	2021 年 12 月		
		准备答辩素材，撰写答辩 PPT	2021 年 12 月		
		模拟答辩 2 次	2021 年 12 月		
		参与并通过晋升答辩	2021 年 12 月		
		整理材料，与领导谈加薪幅度	2022 年 1 月		

续表

职业复盘					
调整环节					
目标	优先级	关键步骤（行为）	时间节点	反馈系统	奖励
3. 赚 100 天出差补助	一级	争取经常出差的工作任务	2021 年 1 月—12 月	出差记录	
		与不愿出差的同事沟通，请他们在被安排出差时推荐自己	2021 年 2 月		
4. 参与核心项目 Modbus 转 IEC 61850	一级	学习 Modbus 和 IEC 61850	2021 年 1 月—2 月	与项目组成员保持沟通；和领导沟通	
		了解项目，明确可参与的任务	2021 年 2 月		
		准备资料和理由，与领导沟通	2021 年 3 月		
		参与项目，按要求完成任务	2021 年 3 月—6 月		
		撰写 Modbus 转 IEC 61850 文档	2021 年 6 月		
5. Bug 率小于 10‰	一级	严格遵循先设计再编码原则	2021 年	缺陷管理系统统计数据	
		提交代码前消除所有编译警告	2021 年		
		采用 PC-Lint 做静态代码分析	2021 年		
6. 解决 10 个重要的 Bug	一级	挑选 10 个重要级别的 Bug	2021 年 6 月	版本管理系统	
		修复 Bug	2021 年 6 月—7 月		
7. 提升通信规约开发能力到能胜任商业项目的水平	一级	完成 3 个 IEC 104 练习项目	2021 年 7 月	项目统计数据	
		参与 3 个通信规约商业项目	2021 年 7 月—12 月		

凌霄为自己的各个目标设定了反馈系统，结果如下表所示。

<table>
<tr><th colspan="6">职业复盘</th></tr>
<tr><th colspan="6">调整环节</th></tr>
<tr><th>目标</th><th>优先级</th><th>关键步骤（行为）</th><th>时间节点</th><th>反馈系统</th><th>奖励</th></tr>
<tr><td rowspan="3">1. 成为公司新业务项目组成员</td><td rowspan="3">一级</td><td>了解新业务项目组成员岗位设置及要求</td><td rowspan="3">2 月</td><td rowspan="3">保持与项目一、二把手的信息沟通，同时通过人力资源获得补充信息；同技术部邓经理多沟通，借用他的经验帮我出谋划策</td><td rowspan="3"></td></tr>
<tr><td>对标岗位明确自己的竞争优势</td></tr>
<tr><td>主动向领导推荐</td></tr>
<tr><td rowspan="3">2. 积极参与“樱花计划”</td><td rowspan="3">一级</td><td>了解“樱花计划”的内容及领导的根本意图</td><td rowspan="3">9 月</td><td rowspan="3">策略与上一项目相同，但还需要与市场部王总多沟通</td><td rowspan="3"></td></tr>
<tr><td>明确自己的优势及角色位置</td></tr>
<tr><td>积极努力创造条件与领导进行探讨和交流，早日锁定位置</td></tr>
<tr><td rowspan="4">3. 完成部门全年任务</td><td rowspan="4">一级</td><td>拓展 3~5 个大客户，老客户流失率 < 10%</td><td>每季度约拓展 1 个大客户</td><td rowspan="4">公司财报和客户报表为数据反馈，拜访客户为效果检验；向领导多多请教</td><td rowspan="4"></td></tr>
<tr><td>取得 1 组和 3 组两位组长的信任，构建团结拼搏氛围</td><td>2 月</td></tr>
<tr><td>公开并落实任务奖罚机制</td><td>2 月</td></tr>
<tr><td>结识 10 位业内经理级以上级别的人员</td><td>全年</td></tr>
<tr><td rowspan="2">4. 拓展自己的行业人际关系</td><td rowspan="2">二级</td><td>参加总部管理层培训</td><td>8 月</td><td rowspan="2">通过行业资料获取信息，以获得入场券为结果评定</td><td rowspan="2"></td></tr>
<tr><td>参加行业领军人物峰会</td><td>10 月</td></tr>
</table>

续表

职业复盘					
调整环节					
目标	优先级	关键步骤（行为）	时间节点	反馈系统	奖励
5. 获得中级经济师资质认证	二级	选定教材开始学习	2年内完成此目标	模拟考试成绩为学习效果反馈；向培训机构老师多请教；跟公司张姐多多沟通，获取她的经验	
		报名			
		根据情况分重点完成认证			
6. 建立自己的 DISC 培训服务体系	一级	开设企业 DISC 培训课程	3月	制作课程课件	
		与3家培训机构签约	5月前	签订合同并有课程安排	
		开设个人 DISC 培训课程	3月	制作课程课件	
		积累100个 DISC 测评案例	10月前	以测评软件统计数量为准	
		构建3个人的社群运营团队	2月—5月	以合作稳定性为评判标准	
		开设5期个人课程	3月/5月/7月/9月/11月	以 DISC 社群为伙伴群，以李海峰老师为请教导师；如果招生情况不理想，则寻求机构合作	
		深度结交10名培训师	全年		
		每周发布1篇公众号文章，全年获得1000名粉丝	5月开始		
7. 学习 NLP 教练技术	二级	准备5万元学习基金	待定	待定	
		确定跟谁学			
		报名学习			
		通过考核，获得认证			

你可以参考许鸣和凌霄的例子来为自己的目标设定反馈系统。

4.6 设定达标奖励：增强执行动力

很多时候，开启一个行动不难，难的是持续行动，直到目标达成。这是因为在实际行动过程中会出现各式各样的状况，消耗我们的动力。奖励可以为我们加油，让我们保持动力。

我们可以为一个目标设定达标奖励，也可以为某个目标下的某个关键步骤（行为）设定完成奖励，只要能起到鼓舞干劲的作用即可。

奖励的内容由我们自己决定，但需要注意以下几点。

- 并非每一个目标、每一个关键步骤（行为）都要设置奖励，你要根据自己的实际需要来操作。
- 奖励应该在类型和档次上多做变化，这样可以带来不一样的成就感。
- 奖励应与自己的切实需要关联起来，效果会更好。
- 奖励不一定要有很高的价值（价格），以能激发动力、带来成就感为主要原则。
- 对于重点挑战的行动，设定的奖励要有一定的获取难度，避免自己懈怠，转而放弃努力直接获取奖励。

许鸣为挑选的几个目标设定了奖励，结果如下表所示。

职业复盘					
调整环节					
目标	优先级	关键步骤（行为）	时间节点	反馈系统	奖励
1. 获得中级职称津贴	一级	每天复习2小时，通览教材	2021年1月—4月	模考成绩；正式成绩；失败则下半年再考	朋友圈晒证书
		报名嵌入式系统设计师资格认证	2021年3月		
		集中刷题，查漏补缺	2021年5月		
		参加并通过认证	2021年5月		
		申报中级职称津贴	2021年11月		
2. 工资上涨15%	一级	与领导沟通晋升，请领导给出指导意见和针对性的工作安排	2021年2月	领导意见；向最近晋升过的同事请教经验；加薪的结果	机械键盘
		对标晋升要求开展工作	2021年2月—12月		
		与领导沟通并申请晋升	2021年12月		
		准备答辩素材，撰写答辩PPT	2021年12月		
		模拟答辩2次	2021年12月		
		参与并通过晋升答辩	2021年12月		
		整理材料，与领导谈加薪幅度	2022年1月		
3. 赚100天出差补助	一级	争取经常出差的工作任务	2021年1月—12月	出差记录	
		与不愿出差的同事沟通，请他们在被安排出差时推荐自己	2021年2月		

续表

职业复盘					
调整环节					
目标	优先级	关键步骤（行为）	时间节点	反馈系统	奖励
4. 参与核心项目 Modbus 转 IEC 61850	一级	学习 Modbus 和 IEC 61850	2021 年 1 月—2 月	与项目组成员保持沟通；和领导沟通	Air Pods
		了解项目，明确可参与的任务	2021 年 2 月		
		准备资料和理由，与领导沟通	2021 年 3 月		
		参与项目，按要求完成任务	2021 年 3 月—6 月		
		撰写 Modbus 转 IEC 61850 文档	2021 年 6 月		
5. Bug 率小于 10‰	一级	严格遵循先设计再编码原则	2021 年	缺陷管理系统统计数据	
		提交代码前消除所有编译警告	2021 年		
		采用 PC-Lint 做静态代码分析	2021 年		
6. 解决 10 个重要的 Bug	一级	挑选 10 个重要级别的 Bug	2021 年 6 月	版本管理系统	
		修复 Bug	2021 年 6 月—7 月		
7. 提升通信规约开发能力到能胜任商业项目的水平	一级	完成 3 个 IEC 104 练习项目	2021 年 7 月	项目统计数据	
		参与 3 个通信规约商业项目	2021 年 7 月—12 月		

凌霄为自己的目标设定了奖励，结果如下表所示。

职业复盘					
调整环节					
目标	优先级	关键步骤（行为）	时间节点	反馈系统	奖励
1. 成为公司新业务项目组成员	一级	了解新业务项目组成员岗位设置及要求	2月	保持与项目一、二把手的信息沟通，同时通过人力资源获得补充信息；同技术部邓经理多沟通，借用他的经验帮我出谋划策	一套新口红
		对标岗位明确自己的竞争优势			
		主动向领导推荐			
2. 积极参与“樱花计划”	一级	了解“樱花计划”的内容及领导的根本意图	9月	策略与上一项目相同，但还需要与市场部王总多沟通	一套新的咖啡机
		明确自己的优势及角色位置			
		积极努力创造条件与领导进行探讨和交流，早日锁定位置			
3. 完成部门全年任务	一级	拓展3~5个大客户，老客户流失率＜10%	每季度约拓展1个大客户	公司财报和客户报表为数据反馈，拜访客户为效果检验；向领导多多请教	每季度达标后请部门同事吃饭；全年达标后给自己换车
		取得1组和3组两位组长的信任，构建团结拼搏氛围	2月		
		公开并落实任务奖罚机制	2月		
		结识10位业内经理级以上级别的人员	全年		
4. 拓展自己的行业人际关系	二级	参加总部管理层培训	8月	通过行业资料获取信息，以获得入场券为结果评定	一套新衣服
		参加行业领军人物峰会	10月		

续表

<table>
<tr><th colspan="6">职业复盘</th></tr>
<tr><th colspan="6">调整环节</th></tr>
<tr><th>目标</th><th>优先级</th><th>关键步骤（行为）</th><th>时间节点</th><th>反馈系统</th><th>奖励</th></tr>
<tr><td rowspan="3">5. 获得中级经济师资质认证</td><td rowspan="3">二级</td><td>选定教材开始学习</td><td rowspan="3">2 年内完成此目标</td><td rowspan="3">模拟考试成绩为学习效果反馈；向培训机构老师多请教；跟公司张姐多多沟通，获取她的经验</td><td rowspan="3">待定</td></tr>
<tr><td>报名</td></tr>
<tr><td>根据情况分重点完成认证</td></tr>
<tr><td rowspan="8">6. 建立自己的 DISC 培训服务体系</td><td rowspan="8">一级</td><td>开设企业 DISC 培训课程</td><td>3 月</td><td>制作课程课件</td><td rowspan="2">升级单反相机</td></tr>
<tr><td>与 3 家培训机构签约合作企业培训</td><td>5 月前</td><td>签订合同并有课程安排</td></tr>
<tr><td>开设个人 DISC 培训课程</td><td>3 月</td><td>制作课程课件</td><td rowspan="4">出国旅游一次</td></tr>
<tr><td>积累 100 个 DISC 测评案例</td><td>10 月前</td><td>以测评软件统计数量为准</td></tr>
<tr><td>构建 3 个人的社群运营团队</td><td>2 月—5 月</td><td>以合作稳定性为评判标准</td></tr>
<tr><td>开设 5 期个人课程</td><td>3 月 /5 月 /7 月 /9 月 /11 月</td><td rowspan="3">以 DISC 社群为伙伴群，以李海峰老师为请教导师；如果招生情况不理想，则寻求机构合作</td></tr>
<tr><td>深度结交 10 名培训师</td><td>全年</td><td rowspan="2">一次学习机会</td></tr>
<tr><td>每周发布 1 篇公众号文章，全年获得 1000 名粉丝</td><td>5 月开始</td></tr>
<tr><td rowspan="4">7. 学习 NLP 教练技术</td><td rowspan="4">二级</td><td>准备 5 万元学习基金</td><td rowspan="4">待定</td><td rowspan="4">待定</td><td rowspan="4">待定</td></tr>
<tr><td>确定跟谁学</td></tr>
<tr><td>报名学习</td></tr>
<tr><td>通过考核，获得认证</td></tr>
</table>

现在，你可以为自己的目标设定奖励了，这会是一个比较愉悦的过程。

调整环节的 6 个步骤就介绍完了。

过往的经验告诉我们，完成调整环节，完整填写表格是一项大工程（制订目标行动方案最为耗时）。这一环节并不是半小时或几个小时就可以做好的，而是需要相当长的时间，具体用时跟个人的积累和见识有很大关系，有人可能需要两三天，有人可能要一两周。

我们建议你在一周内完成调整环节，最多不要超过两周，因为时间拖得越久，越容易不了了之。

要点回顾

⊙ 汇总目标是调整的第一步，它采用取舍、去重、合并、融合升级等方式将一份或多份工作分析阶段收集的目标整理成一份目标清单，目标清单上的项目互不包含。

⊙ 个人精力有限，只有设定目标优先级才能使成效最大化。设定目标优先级的过程为：先建立自己的目标优先等级体系，再根据目标优先等级体系为目标设定具体的优先级。

⊙ 建立目标优先等级体系分以下两步。

- 设定等级数量及各个等级的名称。
- 设定等级标准。

⊙ 制订目标行动方案分为收集备选行动方案、分析备选行动方案和选择合适的行动方案三个步骤。

- 收集备选行动方案常见的方式有检索公共信息，请教行家，咨询从业者，从专业机构收集专业信息。同时要注意案例的时效性、数据的代表性、从多个渠道收集信息并进行对比。
- 分析备选行动方案可以综合关键步骤（行为）、必要条件、所需资源、时间周期、价值观、优缺点等进行分析。
- 选择合适的行动方案可以参考三类评估：价值观认可性评估、可操作性评估、时间可行性评估。

⊙ 给你的目标和关键步骤（行为）设定时间节点，否则你大概率会延期或者放弃。

⊙ 为目标建立有效的反馈系统，让自己看见效果，才可能穿越泥沼，实现目标。有效的反馈系统由数据统计、直观效果、应急预案和可信任的外脑支援等组合而成。

⊙ 适当的达标奖励可以增强执行动力。奖励应多元化，并与自己的切实需要结合，获取奖励还应有一定难度。

第 5 章

CHAPTER 5

锦囊

—— 为你的职业复盘保驾护航

本章针对职业复盘中经常出现的问题，如收集成果困难、自我合理化、目标缺乏挑战、关键步骤（行为）不可控等，给出具体的应对策略。

回顾多年的职业复盘实践和众多学员的案例，我发现在做职业复盘时，有以下几个共性问题可能影响实际体验和效果。

- 职业复盘周期超过半年，就很难找到实际收获。
- 发现实际收获和预期之间的偏差较大时，会根据事实重新修订目标来回避问题。
- 设定目标时，常常被过往的事实、数据限制，使目标缺乏挑战性。
- 为目标制订行动方案时，找到的关键步骤（行为）常常不可控。

所以，针对以上几个问题，我准备了一些应对策略，将其作为锦囊分享给你，你可以在遇到类似问题时打开作为参考。

5.1 做好记录，解决回顾难题

在职业复盘线下工作坊中，一旦职业复盘周期超过半年，就有较多的学员反馈说尽管自己做了很多事，真要找时却搜罗不到几件；即便找到了，也往往想不起时间、经过等细节，只有一些似是而非的“感想”。大家就会感慨，随着年龄的增长，记性越来越差了。然后，就会有学员好奇："安老师你的记性怎么那么好？两三年前发生的事都能记得那么清楚。"

实际上，想不起来过去的经历是常见现象，无关"记性"。我能收集到过去工作中的重要成果并列出关键细节，不是因为记性好，而是因为"**记录得好**"。

我最近几年一直使用在线笔记记录"成功日记"——每天记录发生的有成就感的事情，几乎一天不落。所以当我想要找某个时期的事情时，只要翻到那段时间的成功日记，浏览一下即可。

现在你知道了吧，我能回顾过去发生的事情，并不是因为记性好，而是"烂笔头"用得好。所以，每次上职业复盘课，学员和我讨论记性问题，我都告诉他们，我不是凭借记性，而是依靠记录。

记录，让一切发生。记录，成就更好的自己。

这是我深信的道理，并且一直身体力行。

分享以下几点关于成功日记的认知和经验。

- 成功日记所记录的事情，不分大小，大到签订了千万元的合同，小到帮人指路、做了个学习计划或抗拒住了吃冰激凌的诱惑，都可以写。
- 每天记录 3~5 条个人成果。一定要包含事实。如果有强烈的个人感受，也可以写进去。
- 如果在一开始觉得没什么好记录的，可以把自己每天工作的任务、状态、结果、感想等记录下来。
- 坚持天天写，可以在手机上设置一个专属闹钟或日程来提醒自己。

· 允许例外发生。如果某一天忘记写，第二天可以补上。

当你参考上述几点，培养出撰写成功日记的习惯，每天记录工作内容、状态和感受，那你就会有一个翔实的个人数据库，职业复盘时就能快速搜罗到主业和副业上的实际收获，从而有效解决回顾时的收集难题。

5.2 克服自我合理化，保证职业复盘有效性

职业复盘时会出现一些有意思的现象。

比如一个人在主业的经济回报维度的预期目标是“年总收入20万元”，回顾时发现实际年总收入只有12万元。他可能会告诉自己：“今年大家都没涨工资，我能涨百分之五已经很不错了，应该知足常乐。”然后将满意度给到8分甚至更高。

比如一个人在主业的专业能力维度的预期目标是“拥有一个技术优势”，回顾时发现跟周围的同事比，自己其实没什么优势，同时他发现，过去一段时间自己在专业能力提升上也没有增加投入。这个时候，他可能会告诉自己：“其实眼下没有优势也没什么大影响，反正在公司干得挺顺利，一时半会儿也不会出什么状况，下个阶段努力打造出一个优势也来得及。”

比如一个人在主业的职业兴趣维度的预期目标是“明确工作

上的 3 个兴趣点”，回顾时发现实际上没找到一个证明自己对工作有兴趣的事实。这个时候，他可能会告诉自己：“没兴趣也没什么关系，最主要的是能赚到钱养活自己。”

类似这种现象我碰见过不少，看起来似乎还是“好的”，说明这些伙伴有很好的自我调节能力。实际上，**如果一个人常常这么做，可能意味着他已经养成了自我合理化的习惯，遇到可能给自己带来痛苦和伤害的事，就习惯性地寻找各式各样的理由来为自己的行为开脱。**

自我合理化有以下几种常见的表现形式。

- “酸葡萄”心理，吃不到葡萄就说葡萄酸。
- “甜柠檬”心理，强调自己所做成或所拥有的东西都是好的，面对不如意，努力去强调事情美好的一面，以减少内心的失望和痛苦。
- 推诿，把个人的缺点、失败、过失行为等推给环境或他人，以维护个人内心的平静。

如果你在工作和生活中常常有类似的表现，一定要引起警惕——**自我合理化成为习惯后，会自动发生作用，一旦你遇到可能让自己受伤的情况，就会启动防御机制，自发寻找各种理由“欺骗”自己。**

反映到职业复盘上，自我合理化会牵引着你走入“定目标—达不成—无所谓—再定目标—再达不成……”的循环，让职业复盘演变成一种自我安慰的“过场”，失去其应有的作用。

那么，怎样才能克服“自我合理化”，保证职业复盘的有效性呢?

第一步是意识到自己进行了“自我合理化”。

在回顾环节，当你发现实际收获和预期目标有比较大的偏差，自己却没有给出较低的满意度分值时，往往意味着你启动了防御机制，试图回避痛苦。所以，完成回顾环节后，把自己想象成评委，审视一下那些明确设定过目标的职业发展维度，询问自己给出评分的具体理由，就可能发现自己下意识地开启了“美颜滤镜”。

第二步是正视事实。

职业复盘时，现实和目标存在较大偏差这一事实，往往会带给你痛苦。

比如你在经济回报维度上的目标是年总收入20万元，回顾时却只达到了12万元。正视你没有达成目标这个事实，一方面意味着你要承受已出现的问题带给你的无能、无力、失望等感觉和感受，另一方面意味着你接下来要为实现目标付出更多的努力。

多数未达成的目标背后，都隐藏着这种双重压力。正视事实，就意味着你要承担这些压力和与之相伴的痛苦。这就需要你理解承受这些压力的意义。而这个意义，其实就来自你所设定的目标。

换言之，如果你能深切感受到某个目标背后的意义，就可能为了这个意义而正视事实、承受痛苦。

所以，正视事实的关键就在于体会目标的意义，提升实现目标的动力。以下几个问题有助于你更好地感受目标的意义。

- 假设你的目标实现了，你的工作与生活会有哪些转变？

- 如果你的亲友看到这些转变，他们会说些什么？
- 如果你的目标没有实现，你会有哪些遗憾？

当你明确了目标的意义，能够正视事实、接纳偏差，职业复盘就有了客观的基调，分析、调整就可以发挥作用。它们就能助力你通过有效努力实现自己的目标，重塑自己的工作与生活。

5.3 放下过去，面向未来设定目标

我们在设定具体目标时，会不自觉地将过去的目标或结果作为起始值。

比如去年你的年总收入是 12 万元，设定今年的目标时，你很可能会在 12 万元的基础上上浮 20%，将 14.4 万元作为今年的年总收入目标。

实际上，你内心真正想达到的目标可能是今年实现年总收入 20 万元。但因为你锚定了去年的数字 12 万元，觉得浮动 20% 更合理，所以就放弃了 20 万元这个更想达到的目标。这可能会限制你的潜能，让你错失更高的成就。

所以，你要撇开过去，从未来出发来设定具体目标。

比如你想要实现年总收入 20 万元，那就设定 20 万元的目标，而不是基于去年的 12 万元上浮 20% 来设定目标。

比如你想要在某个方面拥有优势，那就明确一个“建立某某

优势”的目标，而不是考虑自己还是这个领域的初级人员，只设定类似“独立完成一个某某项目”的渐进式目标。

不要担心目标过高实现不了，因为你只有设定了高目标，才会按这个目标去设想对应的实现策略。

比如 2016 年我还在公司上班时，就有一个目标——“著作等身”。这是一个很大的目标——我身高 176cm，得写出近 80 本书才可能实现“著作等身”。而要写 80 本书，我需要非常多的积累和时间，基于当时做软件开发工作的情况来看，这几乎是不可能完成的目标。但是，当我基于未来愿景设定了这个目标后，我就看见了可能性——每年只要能出版一本书，等到 80 岁时，我就可以写出 40 多本书，而如果有些年份可以写两本书，那就可能实现这一目标。

你看到这本书的时候，我已经写了 9 本书，其中，2021 年写了两本书。

按照这个情况来推演，我是极有可能实现“著作等身”这个大目标的。

想想看，如果我在 2016 年锚定过去的工作情况，放弃了“著作等身”这个大目标，那估计你就很难看到手上的这本书了。

所以，请放下过去，基于未来愿景，倒推自己下一阶段的目标，这样你才有可能取得更好的成绩，成就更好的自己。

5.4 分解目标时，注意关键步骤（行为）的可控性

经过调整环节汇总后，你得到的目标的规模往往比较大，需要一个月甚至更久才能实现。这个时候，你就要对目标进行分解，找到一系列的关键步骤（行为），以便规划出一条平滑易走的路径，保障目标最终能够顺利实现。

在从目标分解关键步骤（行为）时，要遵循“**可控性**”这个关键原则。就是说，你找到的关键步骤（行为），应当是你通过努力可以达成的，在自己的可控范围内。

比如你以前没有写过书，现在有一个目标是一年内完成一本时间管理类书稿。你分解出 4 个关键步骤（行为）：第 1 个季度完成 25%，第 2 个季度完成 25%，第 3 个季度完成 25%，第 4 个季度完成 25%。这 4 个步骤就是不可控的，因为它们既没有降低一年写完一本书这个目标的难度，也不是达成目标的有效行为。

对于这个目标，一种合理的分解可能是下面这样的。

- 1~4 周，明确图书的结构框架。
- 5~8 周，推演每一章要写的内容，梳理出详细到二级目录的大纲。

- 9~10 周，翻阅 10 本致用类图书，明确自己的文章写法（如故事为主、论述加短案例证明、完整案例加总结归纳……）。
- 11~12 周，挑一章试写，评估自己的产出率。
- 13 周，根据产出率和自己的时间资源规划写作计划。

…………

这样分解出的每一个步骤都有具体的事情可以做、有具体的产出可以衡量，完成步骤之后，都将目标向前推进了一步，给人的感觉就是可控的。

如果你对其中的某一个步骤仍觉得没有把握，觉得不可控，还可以进一步分解。比如“试写”这个步骤，就可以继续分解成下面这样。

- 11 周，挑一个内容相对独立的小节，搜集需要的各种素材并记录成卡片。
- 12 周的前 2 天，列出这个小节的细纲。
- 12 周的后 5 天，根据细纲和素材整理成文。

请体会一下，这样的关键步骤（行为）可控吗？通过努力可以达成吗？

可能你觉得可控了，也可能有人觉得仍不可控。

这些感觉都没有错。这是因为，可控性是个性化的，与个人所储备的知识、技能和经验等有关。

所以，你在评估关键步骤（行为）是否可控时，不必向外去寻找标准答案，向内结合自己的积累去体会即可。你觉得可控了，就可以停下来；你觉得不可控，就再细化一下。

体会了什么是可控性，我们现在来了解几种典型的不可控现象，以便自己在分解关键步骤（行为）时避免这一问题。

我们先看两个例子。

一位新能源客车销售第 2 季度为自己定的销售目标是 2000 万元，他是这样分解的——4 月完成 800 万元销售额，5 月完成 600 万元销售额，6 月完成 600 万元销售额，这很可能是不可控的。

一位招聘专员，其上半年的目标是要招聘 100 名新员工，如果分解为“第 1 季度招聘 50 名，第 2 季度招聘 50 名”，很可能就不具备可控性。

以上两个例子本质上是一样的，它们代表了关键步骤（行为）不可控的一种典型情况——指标降级，即你仅仅对目标所含指标（数量、时间等）做降级分解，没有落实到具体的行为上。

除了指标降级，还有外部依赖和周期过长两种常见的不可控情况。

外部依赖是指，你分解出的关键步骤（行为）能否完成，严重依赖于你难以控制的他人或组织。比如“说服领导加薪 30%”，就依赖于领导对你工作表现的评估和组织今年是否有加薪预算。

周期过长是指，你分解出的关键步骤（行为）时间跨度很大，比如 3 个月、6 个月、1 年、2 年。周期一旦过长，就容易出现很多难以预料的状况，比如环境变化、组织变化、个人预期变化等，可能导致你的关键步骤（行为）不了了之。从经验上来看，关键步骤（行为）的实现周期最好在 1 个月以内。

指标降级、外部依赖、周期过长是 3 种典型的不可控情况。你在做目标分解时，一定要常常审视，注意关键步骤（行为）是否属于这 3 种情况。这样你会更容易发现不可控的情况，并适时做出调整，提高你所拟订的行动方案的可行性，保障你的目标能够顺利实现。

要点回顾

- 养成撰写成功日记的习惯，可以成功破解职业复盘时的事实收集难题。
- 完成回顾环节后，化身评委，追问评分理由，有助于你意识到自己进行了“自我合理化”。体会目标背后的意义，有助于你克服自我合理化，正视事实，保证职业复盘的有效性。
- 锚定过去，容易自我设限。从未来愿景出发设定有挑战的目标，更容易取得更好的成绩，成就更好的自己。
- 关键步骤（行为）的可控性是指，你找到的关键步骤（行为）应当是你通过努力可以达成的，在自己的可控范围内。可控性是决定目标分解有效与否的关键。请留意指标降级、外部依赖、周期过长这 3 种典型的不可控情况。

结语

—— 携手职业复盘，走向理想工作

我通过持续践行职业复盘创造了自己的理想工作，是职业复盘的受益者，切实感受到了这种方法的效用。实际上，不仅是我觉得这种方法有用，在我之前，就有很多人用自己的实践验证过这种方法的有效性。

1977 年，余华高考落榜，在父母的安排下成了一名牙医。做了整整 5 年牙医后，余华回想每天的工作和拔掉的一万颗牙齿，发现自己对拔牙这件事情既没有兴趣，也感觉不到成就感、意义感，就产生了换工作的想法。后来他选择了写作，成了杰出的作家。

余华从牙医到作家的转变契机就是“职业复盘”创造的（只不过那时没有“职业复盘”这种说法）。不仅如此，余华在写作上的精进，也是一次又一次“职业复盘”的结果。

余华早期的作品，如《十八岁出门远行》《四月三日事件》等，几乎没有对话。他通过回顾、反思，发现不会写人物对话成了自己写作的瓶颈，只有突破瓶颈才能创造规模更大的作品。经过有意识的练习，他后来在写作第一部长篇小说《在细雨中呼喊》时，突破了这一瓶颈。

当余华的小说越写越长时，他发现自己的心理描写稍显不足。于是，他专门研读名家作品中的心理描写，比如威廉·福克纳的《沃许》、陀思妥耶夫斯基的《罪与罚》。经过研习，他真正掌握了心理描写技巧，小说写作进入了新的境界。

李开复从卡内基梅隆大学博士毕业后，选择留校做研究型计算机科学家，沿着终身教职轨道前进。

做了两年助理教授后，李开复发现自己的研究得不到商业应用，同时又被很多非学术的事情困扰。经过持续的反思和探索，李开复发现自己更愿意做商业创新，就接受了苹果公司的邀请，开始了技术管理者的职业生涯。

李开复这次关键的职业生涯转变，其实也是从“职业复盘”开始的。

后来，李开复先后在 SGI（Silicon Graphics，硅谷图形公司）、微软、谷歌等公司工作，最终创立了带领青年人做出有创意的企业的“创新工场”。他这一路的辗转，都离不开“职业复盘”。

职业复盘对余华、李开复这样的名人有用，对我、程天老师、我的咨询客户等普通职场人士有用，我相信，它也会对你有用。

但是，职业复盘发挥效用的前提是需要你客观地做、用心地做、持续地做、周期性地做。所以，我真诚地邀请你把职业复盘收进你的成长工具箱，让它成为你最长情的伙伴，陪你探测状态、明确位置、校准方向，帮助你一步一步走向理想工作，收获精彩人生。

附录

附录 1：
安晓辉 2020 年的职业复盘

本部分将和你分享本书作者安晓辉 2020 年的职业复盘案例，供你参考。

2017 年 7 月 5 日之前，我（本节中的“我”均指安晓辉）的主业是软件开发，副业有职业咨询、写作、经营网课等。职业复盘时，针对回顾和分析这两个环节，我通常是主业做一遍，每个副业做一遍。

2017 年 7 月 5 日之后，我成了自由职业者，写作、经营网课、职业咨询等主要业务基本都是围绕着职业生涯领域开展的，它们组合在一起形成了一份独特的工作，所以职业复盘反倒变得简单了——只需要针对这份独特的工作做一遍回顾和分析即可。不过从事自由职业后，有些职业发展维度和做雇员时不大一样，需要进行调整，这点我也将在后文提到。

接下来，我将和你分享我 2020 年的职业复盘。

第一个环节：回顾。

第一步，填写职业复盘周期内的预期目标。

我完成后如下表所示。

职业复盘					
回顾环节					
四要素	关键维度	预期目标	实际收获	满意度	成效评价
价值	经济回报	年收入 ××× 万元			
	职场地位	1）知乎粉丝 15 万 2）视频号 1 万关注			
资源	外部资源				
	个人资源	1）每周与 1 位朋友互动 2）结识 2 位有能力的人			
能力	专业能力	1）上线副业课程 2）开办 6 期副业训练营 3）明确自己的职业咨询流程与框架			
	通用能力	提升演讲能力			
动机	职业兴趣				
	内在满足	形成自己的生涯方法论			

第二步，收集 8 个职业发展维度上的实际收获。

首先是盘点职业复盘周期内每个维度上的实际收获，把具体的事件、成果、时间、数据、指标等记录到 Word 文档中。

以下浅色文字是我整理的记录。

经济回报

我有记账的习惯，偏好先看年总收入。2020 年，年总收入为 m 万元。

职场地位

自由职业者，不在一个固定的“职场”中，所以职场地位的说法不那么贴切，不过可以对应到行业内的地位。比如从事培训、撰稿、Logo设计、自媒体等工作的自由职业者，就可以搜罗那些能表明自己在行业内重要性的事件或成果，将其作为这个维度的收获。

我有两个可以表明个人在平台或行业内地位变化的收获。

（1）2020年，知乎粉丝数量从9万增长到14万。

（2）2020年6月26日，我给自己的微信视频号“晓辉视界”申请作家认证；2020年7月2日，认证通过，成功点亮黄色认证标记。

外部资源

自由职业者不像雇员那样，有一个“公司”可以提供各种资源。多数时候，自由职业者从外部合作机构、互联网平台、社群等获取资源。我在2020年没有获取到多少相关资源，乏善可陈。

个人资源

我在个人资源维度的收获既有“人际关系”，也有“成果”，具体如下。

（1）2020年年初到4月，我和程天老师一起打磨副业课程，增进了默契。

（2）2020年4月到6月，经过3期副业训练营的写作，我与岛主基于知识卡片和海报建立了顺畅的合作关系。

（3）2020年11月6日到8日，我在深圳参加拆书帮年会，与彭小六、娘娘、月宫等有了进一步的沟通。

（4）2020年年初到4月，我开发了课程“跟安晓辉学习如何开启副业”。

专业能力

我在这个维度有下列收获。

（1）2020 年年初到 4 月，我一直在打磨副业课程，锻炼了课程设计能力，尤其是对大纲和细纲的认识有了明显提升。

（2）2020 年 11 月 25 日到 29 日，我参加了为期 5 天的全球生涯教练（BCC）培训，系统学习了生涯教练相关的理论和技能，其中的许多工具和框架对开展按时计费的职业咨询很有帮助。

（3）2020 年年初到 4 月，设计、开发、打磨“跟安晓辉学习如何开启副业”课程，这是我第一门非技术领域的、具有普适性的课程，有完整的体系和工具，算是个人的成就。

（4）2020 年 4 月到 6 月，我做了 3 期副业训练营，熟悉了线上训练营的设计、课程、答疑、作业、互动等各个环节，积累了非常有价值的经验。

（5）2020 年 11 月 19 日，开始考虑打造年度生涯纠偏训练营。2020 年 11 月 21 日，设计了年度生涯纠偏训练营的流程和工具。经过一段时间的迭代，2020 年 12 月 26 日，年度生涯纠偏训练营演变为职业生涯复盘训练营，并成功举行了第一次线下工作坊活动，收到了不错的效果。

（6）2020 年年底，知乎付费咨询服务人数超过 1100 人次，同时在业内平台上承接了 30 例一对一咨询。整体来看，2020 年我积累了很多咨询经验，无论是作为职业规划师还是在 IT 领域的行家当中，我都具有咨询经验优势。

（7）2020 年年底，在知乎付费咨询职场分类的综合排名上升至第 2 名，想要做咨询的用户更容易看到我了。这在知乎众多的职场付费咨询答主中，算是一种难得的优势。

通用能力

我在这个维度有下列收获。

（1）2020 年，我在公众号“安晓辉生涯”上发布了 156 篇原创文章，在知乎上回答了 201 个问题，写作能力得到了提升。

（2）2020 年年初到 4 月，通过打磨 “跟安晓辉学习如何开启副业”课程，我的概念化能力和分类能力得到了明显提升。

（3）2020 年 4 月到 6 月，通过十几次副业训练营的直播答疑，我的即兴问答能力有明显提升。

职业兴趣

我在这个维度有下列收获。

（1）2020 年 11 月，我决定尝试职场故事类写作。2020 年 12 月 2 日，我在公众号“安晓辉生涯”发表了第一篇职场故事类文章，讲述一名被裁员的女程序员转行做产品经理的经历。2020 年 12 月 10 日发布了第二篇文章，讲述一位伙伴如何从产品经理成功转行为程序员。创作这样的文章需要采访别人，需要整合各种资料，需要在写作时带着丰富的感情。对我来讲，这是一种突破，它让我体验到了与之前写以逻辑为主的文章不一样的感觉。

（2）2020 年 12 月，规划职业转型方面的新书并 4 次修改大纲。在拟定大纲的过程中，我极其投入，翻阅各类图书，排列组合各个内容模块，一遍遍在 A4 纸上草拟大纲。

（3）2020 年 12 月初，我对致用类图书的结构产生了兴趣，研究了几十本图书的结构，并摘录了其中 10 多本图书的结构。

（4）2020 年 12 月 28 日，和程天讨论后决定创作职业生涯复盘方向的图书。2020 年 12 月 30 日梳理出大纲并和程天讨论，31 日选择了样章并完成样章写作。这使我感受到了先有线下课程再规划图书的“方便”。

内在满足

我在这个维度有如下收获。

（1）2020 年 9 月初，重新思考自己在做的职业咨询、写作，以及经营视频号、公众号、知乎、知识星球等事情。2020 年 9 月 4 日基本确认围绕生涯重新组织这些事情，9 月 5 日晨跑时确定了这一点。接下来的几天，我将公众号名字修改为“安晓辉生涯”，朋友圈封面也放上“安晓辉生涯”字样，微信签名加上“职业规划师”字样，视频号修改题图和个人简介，着重定位到“安晓辉生涯”……到 9 月 14 日，我把各方面的宣传渠道都围绕“生涯”这个主题做了调整，确认将以生涯理论为内核来发展。

（2）2020 年 11 月 6 日到 8 日，我在深圳参加拆书帮年会，7 日晚拆书帮组织了关于副业赚钱的座谈会，有十几人参加，大家围绕副业、职业发展聊得很热闹。

（3）2020 年 11 月 10 日，开始构思职业转型图书的结构。到 2020 年 12 月 15 日提交选题给出版社之前，图书大纲迭代了 4 版，力图在结构性和体系完备性上超越我的上一本书《副业赚钱之道：从 0 到 1 打造多元化收入》。

小贴士

你可能注意到了，我整理的记录中几乎每件事都有准确的日期，而很多伙伴在做职业复盘时往往想不起来自己在什么时候做了什么事情，那我是怎么做的呢？答案是记成功日记。最近几年，我每天都会把做过的事情、取得的成果记录在在线笔记中，对于持续时间长的事情或项目，还会把来龙去脉也写进去。养成习惯后，我想知道某天做了什么事情，只要在笔记中找到那一天的记录进行浏览即可。

接下来，我把收获记录概括提炼为一句简短的描述，填入回顾表中。

下表所示为我完成这一步后的回顾表格。

职业复盘					
回顾环节					
四要素	关键维度	预期目标	实际收获	满意度	成效评价
价值	经济回报	年收入×××万元	年收入 m 万元		
	职场地位	1）知乎粉丝 15 万 2）视频号 1 万关注	1）知乎粉丝增长到 14 万 2）视频号通过作家认证		
资源	外部资源				
	个人资源	1）每周与 1 位朋友互动 2）结识 2 位有能力的人	1）与程天增进默契 2）因副业训练营与岛主建立合作 3）访谈月宫并加深了联系		
能力	专业能力	1）上线副业课程 2）开办 6 期副业训练营 3）明确自己的职业咨询流程与框架	1）打磨副业课程，强化课程设计能力 2）学习全球生涯教练（BCC）技能体系 3）发布有里程碑意义的副业课程 4）副业训练营运营 3 期 5）建立职业复盘线下工作坊 6）建立了咨询经验优势 7）获得知乎付费咨询职场分类第 2 名		
	通用能力	提升演讲能力	1）发布了 156 篇文章，回答了 201 个知乎问题 2）概念化能力和分类能力提升 3）即兴问答能力提升		

续表

职业复盘					
回顾环节					
四要素	关键维度	预期目标	实际收获	满意度	成效评价
动机	职业兴趣		1）发布 2 篇职场故事类文章 2）打磨职业转型主题图书的大纲 3）研究了几十本图书的结构 4）从职业复盘工作坊梳理图书大纲		
	内在满足	形成自己的生涯方法论	1）以生涯理论为内核重新梳理业务 2）拆书帮年会组织交流会 3）迭代职业转型图书大纲		

第三步，评估每个职业发展维度的满意度并打分。

我打完分后的回顾表格如下。

职业复盘					
回顾环节					
四要素	关键维度	预期目标	实际收获	满意度	成效评价
价值	经济回报	年收入 ××× 万元	年收入 m 万元	6 分	
	职场地位	1）知乎粉丝 15 万 2）视频号 1 万关注	1) 知乎粉丝增长到 14 万 2) 视频号通过作家认证	6 分	
资源	外部资源			3 分	
	个人资源	1）每周与 1 位朋友互动 2) 结识 2 位有能力的人	1) 与程天增进默契 2) 因副业训练营与岛主建立合作 3) 访谈月宫并加深了联系	5 分	

续表

职业复盘					
回顾环节					
四要素	关键维度	预期目标	实际收获	满意度	成效评价
能力	专业能力	1）上线副业课程 2）开办6期副业训练营 3）明确自己的职业咨询流程与框架	1) 打磨副业课程，强化课程设计能力 2) 学习全球生涯教练（BCC）技能体系 3) 发布有里程碑意义的副业课程 4) 副业训练营运营3期 5) 建立职业复盘线下工作坊 6) 建立了咨询经验优势 7) 获得知乎付费咨询职场分类第2名	7分	
	通用能力	提升演讲能力	1) 发布了156篇文章，回答了201个知乎问题，写作能力提升 2) 概念化能力和分类能力提升 3) 即兴问答能力提升	6分	
动机	职业兴趣		1) 发布2篇职场故事类文章 2) 打磨职业转型主题图书的大纲 3) 研究了几十本图书的结构 4) 从职业复盘工作坊梳理图书大纲	8分	
	内在满足	形成自己的生涯方法论	1) 以生涯理论为内核重新梳理业务 2) 拆书帮年会组织交流会 3) 迭代职业转型图书大纲	8分	

打分时我有以下两点觉察，分享给你。

第一，某个维度没有设定预期目标，可能是因为当下对它相对满意。比如我在职业兴趣这个维度就没有设定预期目标，这是因为我所经营的职业生涯咨询、写作等业务，已经是我比较感兴趣的事情，我处在一个相对满意的状态，所以每次职业复盘时很少专门在这个维度上设定预期目标。但工作中依然会有新的兴趣点出现，这是非常有意思的事情。

第二，有时真的很难评估某个职业发展维度的满意度，此时可以感受该维度上“改变的迫切性”。如果马上改变的感觉较为强烈，那满意度分值就打低一些，如果觉得不改变也没什么关系，那满意度分值就可以打高一些。

第四步，制作职业平衡轮。

我的职业平衡轮如下图所示。

我拿着自己的职业平衡轮远远地观看，整体感觉还是比较平衡的，但相对而言，外部资源和个人资源这两个维度偏弱，我应该从现在起就想办法进行改善。

第五步，成效评价。我的评价结果如下表所示。

职业复盘					
回顾环节					
四要素	关键维度	预期目标	实际收获	满意度	成效评价
价值	经济回报	年收入××× 万元	年收入 m 万元	6 分	做了不少事，但效果一般，收入不理想
	职场地位	1）知乎粉丝 15 万 2）视频号 1 万关注	1) 知乎粉丝增长到 14 万 2) 视频号通过作家认证	6 分	运营乏术，投入不足，知乎和视频号都没能实现目标
资源	外部资源			3 分	无新增外部资源
	个人资源	1）每周与 1 位朋友互动 2) 结识 2 位有能力的人	1) 与程天增进默契 2) 因副业训练营与岛主建立合作 3) 访谈月宫并加深了联系	5 分	个人资源有所增加，但没能走出舒适区，人际关系目标未实现
能力	专业能力	1）上线副业课程 2）开办 6 期副业训练营 3）明确自己的职业咨询流程与框架	1) 打磨副业课程，强化课程设计能力 2) 学习生涯教练技能体系 3) 发布有里程碑意义的副业课程 4) 副业训练营运营 3 期 5) 建立职业复盘线下工作坊 6) 建立了咨询经验优势 7) 获得知乎付费咨询职场分类第 2 名	7 分	专业上做了不少尝试，课程设计、咨询等能力都有提升。专业上有一定竞争力，但还没到建立个人品牌的阶段
	通用能力	提升演讲能力	1) 发布了 156 篇文章，回答了 201 个知乎问题，写作能力提升 2) 概念化能力和分类能力提升 3) 即兴问答能力提升	6 分	写作/概念化/分类等能力有提升，演讲投入少，提升不明显

续表

职业复盘					
回顾环节					
四要素	关键维度	预期目标	实际收获	满意度	成效评价
动机	职业兴趣		1) 发布2篇职场故事类文章 2) 打磨职业转型主题图书的大纲 3) 研究了几十本图书的结构 4) 从职业复盘工作坊梳理图书大纲	8分	在设计新书大纲、职场故事写作、图书结构研究等事情上体验到了乐趣
	内在满足	形成自己的生涯方法论	1) 以生涯理论为内核重新梳理业务 2) 拆书帮年会组织交流会 3) 迭代职业转型图书大纲	8分	聚焦生涯配置资源，感受到了自主感和掌控感。但生涯方法论还没形成

第二个环节：分析。

分析环节的第一个部分是透视分析。

我从现状、不足、努力方向等视角对二十二方面做了透视，结果如下表所示。

职业复盘								
分析环节								
四要素	关键维度	透视分析		职业转变分析			改善分析（1年）	
		方面	透视	结论	理由	战略目标	是否	具体目标
价值	经济回报	收入来源	收入来源多，包括图书、课程、咨询、品牌任务、广告等，但过于分散，需要聚焦					
		收入数量	总数量没有达到预期，每一个来源的数量也不如预期，要挑选一两个来源重点提高收入数量					

续表

职业复盘									
分析环节									
四要素	关键维度	透视分析		职业转变分析			改善分析（1年）	
		方面	透视	结论	理由	战略目标	是否	具体目标
价值	职场地位	职等职级	知乎粉丝数量未达标，视频号中途放弃。整体上看，各平台的等级都不够理想，需要努力运营					
		业务价值	自己的业务（生涯咨询）不是平台的重点业务					
资源	外部资源	物资	开展工作暂不需要外部物资					
		信息	目前的信息渠道可以支持工作					
		政策	需要多关注平台政策，乘势发展					
		成长资源	拆书帮社群中有各种学习及实践机会，但未争取，后续可留意					
	个人资源	人际关系	没有走出舒适区，人际关系没大的变化					
		成果	发布一门新课，多了一项成果。但还不够，没有形成课程体系					
		品牌	对外展示的品牌定位不清晰，知名度、信誉度都还不够					
能力	专业能力	专业理论	没花多少时间研究生涯理论，理论水平提升有限，必须要突破					
		专业技能	实际咨询能力有所提升，但多数时候是凭感觉。接下来要有意运用咨询技能，事后复盘，形成流程和体系					

续表

职业复盘								
分析环节								
四要素	关键维度	透视分析		职业转变分析			改善分析（1 年）	
		方面	透视	结论	理由	战略目标	是否	具体目标
能力	专业能力	项目经验	网课、训练营、线下课程等都有里程碑式的成果，可以继续突破。线下咨询数量少，咨询技能提升慢，应增加线下咨询或视频咨询数量					
	通用能力	功能型技能	演讲能力提升不明显，影响个人品牌传播和线下活动开发，需要突破					
		适应型技能	情绪管理和与人合作等方面的短板浮现出来，需要改善					
动机	职业兴趣	心流体验	设计新书及课程大纲时有心流体验，可以多做类似的事情，但需要找到合作伙伴来分担其他事务					
		突破体验	写职场故事类文章是一种突破，接下来准备多写这类文章。但写这类文章耗时多，得想办法化解这个矛盾					
		好奇体验	对视频号、付费文章、知乎直播、好物推荐等做了尝试，结果不好，还是要选择少数几个核心方向深耕突破					
	内在满足	成就需求	想建立自己的生涯方法论，但目前还没建立，下阶段重点突破					
		归属需求	这方面的需求弱，暂时不用管					
		自主需求	2020 年重新调整了各项业务，有自主感					

分析环节的第二个部分是职业转变分析。

结果如下。

<table>
<tr><th colspan="9">职业复盘</th></tr>
<tr><th colspan="9">分析环节</th></tr>
<tr><th rowspan="2">四要素</th><th rowspan="2">关键维度</th><th colspan="2">透视分析</th><th colspan="3">职业转变分析</th><th colspan="2">改善分析（1 年）</th></tr>
<tr><th>方面</th><th>透视</th><th>结论</th><th>理由</th><th>战略目标</th><th>是否</th><th>具体目标</th></tr>
<tr><td rowspan="4">价值</td><td rowspan="2">经济回报</td><td>收入来源</td><td>收入来源多，包括图书、课程、咨询、品牌任务、广告等，但过于分散，需要聚焦</td><td rowspan="10">继续当前工作</td><td rowspan="10">可以尽可能多地做我喜欢的事，自主地安排工作内容、时间和方式，实现自己亲手创造想要的生活的目的</td><td rowspan="10">成为行业内知名的职业规划师，有自己的生涯方法、咨询流程、品牌课程</td><td></td><td></td></tr>
<tr><td>收入数量</td><td>总数量没有达到预期，每一个来源的数量也不如预期，要挑选一两个来源重点提高收入数量</td><td></td><td></td></tr>
<tr><td rowspan="2">职场地位</td><td>职等职级</td><td>知乎粉丝数量未达标，视频号中途放弃。整体上看，各平台的等级都不够理想，需要努力运营</td><td></td><td></td></tr>
<tr><td>业务价值</td><td>自己的业务（生涯咨询）不是平台的重点业务</td><td></td><td></td></tr>
<tr><td rowspan="6">资源</td><td rowspan="4">外部资源</td><td>物资</td><td>开展工作暂不需要外部物资</td><td></td><td></td></tr>
<tr><td>信息</td><td>目前的信息渠道可以支持工作</td><td></td><td></td></tr>
<tr><td>政策</td><td>需要多关注平台政策，乘势发展</td><td></td><td></td></tr>
<tr><td>成长资源</td><td>拆书帮社群中有各种学习及实践机会，但未争取，后续可留意</td><td></td><td></td></tr>
<tr><td rowspan="3">个人资源</td><td>人际关系</td><td>没有走出舒适区，人际关系没大的变化</td><td></td><td></td></tr>
<tr><td>成果</td><td>发布一门新课，多了一项成果。但还不够，没有形成课程体系</td><td></td><td></td></tr>
<tr><td>品牌</td><td>对外展示的品牌定位不清晰，知名度、信誉度都还不够</td><td></td><td></td></tr>
</table>

续表

职业复盘								
分析环节								
四要素	关键维度	透视分析		职业转变分析			改善分析（1 年）	
		方面	透视	结论	理由	战略目标	是否	具体目标
能力	专业能力	专业理论	没花多少时间研究生涯理论，理论水平提升有限，必须要突破	继续当前工作	可以尽可能多地做我喜欢的事，自主地安排工作内容、时间和方式，实现自己亲手创造想要的生活的目的	成为行业内知名的职业规划师，有自己的生涯方法、咨询流程、品牌课程		
		专业技能	实际咨询能力有所提升，但多数时候是凭感觉。接下来要有意运用咨询技能，事后复盘，形成流程和体系					
		项目经验	网课、训练营、线下课程等都有里程碑式的成果，可以继续突破。线下咨询数量少，咨询技能提升慢，应增加线下咨询或视频咨询数量					
	通用能力	功能型技能	演讲能力提升不明显，影响个人品牌传播和线下活动开发，需要突破					
		适应型技能	情绪管理和与人合作等方面的短板浮现出来，需要改善					
动机	职业兴趣	心流体验	设计新书及课程大纲时有心流体验，可以多做类似的事情，但需要找到合作伙伴来分担其他事务					
		突破体验	写职场故事类文章是一种突破，接下来准备多写这类文章。但写这类文章耗时多，得想办法化解这个矛盾					
		好奇体验	对视频号、付费文章、知乎直播、好物推荐等做了尝试，结果不好，还是要选择少数几个核心方向深耕突破					

续表

职业复盘								
分析环节								
四要素	关键维度	透视分析		职业转变分析			改善分析（1年）	
		方面	透视	结论	理由	战略目标	是否	具体目标
动机	内在满足	成就需求	想建立自己的生涯方法论，但目前还没建立，下阶段重点突破	继续当前工作	可以尽可能多地做我喜欢的事，自主地安排工作内容、时间和方式，实现自己亲手创造想要的生活的目的	成为行业内知名的职业规划师，有自己的生涯方法、咨询流程、品牌课程		
		归属需求	这方面的需求弱，暂时不用管					
		自主需求	2020 年重新调整了各项业务，有自主感					

我的战略目标是一个长期目标，可能需要 5 年甚至 8 年的时间来实现。但我依然把它放在那里，因为它就像北极星，明确了我的前进方向，让我能够辨别当下所做的事情中哪些有长远的价值和意义，不至于迷失在纷繁杂乱的琐碎任务中。

分析环节的第三个部分是改善分析。

这一步的关键是结合战略目标和透视分析，找出现阶段的主要发展目标。我从透视分析中明确了要提升收入这个目标，从战略目标倒推出当下要努力实现的三个关键目标，第一个是明确自己的咨询流程，第二个是建立自己的生涯方法，第三个是提升知名度。

围绕上述目标，我评估了二十二方面中哪些需要改善、哪些不需要，并收集了具体目标，结果如下表所示。

职业复盘								
分析环节								
四要素	关键维度	透视分析		职业转变分析			改善分析（1 年）	
		方面	透视	结论	理由	战略目标	是否	具体目标
价值	经济回报	收入来源	收入来源多，包括图书、课程、咨询、品牌任务、广告等，但过于分散，需要聚焦	继续当前工作	可以尽可能多地做我喜欢的事，自主地安排工作内容、时间和方式，实现自己亲手创造想要的生活的目的	成为行业内知名的职业规划师，有自己的生涯方法、咨询流程、品牌课程	是	1) 发布转行辅导服务 2) 内测写书辅导服务
		收入数量	总数量没有达到预期，每一个来源的数量也不如预期，要挑选一两个来源重点提高收入数量				是	1) 咨询收入增加 20% 2) 课程收入增加 30%
	职场地位	职等职级	知乎粉丝数量未达标，视频号中途放弃。整体上看，各平台的等级都不够理想，需要努力运营				是	知乎粉丝数量达 18 万
		业务价值	自己的业务（生涯咨询）不是平台的重点业务				是	参加 5 个知乎官方项目

续表

职业复盘								
分析环节								
四要素	关键维度	透视分析		职业转变分析			改善分析（1 年）	
		方面	透视	结论	理由	战略目标	是否	具体目标
资源	外部资源	物资	开展工作暂不需要外部物资	继续当前工作	可以尽可能多地做我喜欢的事，自主地安排工作内容、时间和方式，实现自己亲手创造想要的生活的目的	成为行业内知名的职业规划师，有自己的生涯方法、咨询流程、品牌课程	否	
		信息	目前的信息渠道可以支持工作				否	
		政策	需要多关注平台政策，乘势发展				否	
		成长资源	拆书帮社群中有各种学习及实践机会,但未争取，后续可留意				否	
	个人资源	人际关系	没有走出舒适区，人际关系没大的变化				是	1) 找到 1 位伙伴承接公众号的编辑发布工作 2) 加入头马俱乐部，练习公开演讲 3）链接 2 位职场 KOL（关键意见领袖）
		成果	发布一门新课，多了一项成果。但还不够，没有形成课程体系				是	1）公开出版职业转型图书 2）公开出版职业复盘图书 3）发布职业复盘课程
		品牌	对外展示的品牌定位不清晰，知名度、信誉度都还不够				是	参加 5 个知乎官方项目

续表

职业复盘								
分析环节								
四要素	关键维度	透视分析		职业转变分析			改善分析（1 年）	
		方面	透视	结论	理由	战略目标	是否	具体目标
能力	专业能力	专业理论	没花多少时间研究生涯理论，理论水平提升有限，必须要突破	继续当前工作	可以尽可能多地做我喜欢的事，自主地安排工作内容、时间和方式，实现自己亲手创造想要的生活的目的	成为行业内知名的职业规划师，有自己的生涯方法、咨询流程、品牌课程	是	研究生涯理论，输出面向用户的生涯知识地图
		专业技能	实际咨询能力有所提升，但多数时候是凭感觉。接下来要有意运用咨询技能，事后复盘，形成流程和体系				是	1）输出 10 篇案例文章，提升案例写作能力 2）咨询引入教练技术，形成问题集合
		项目经验	网课、训练营、线下课程等都有里程碑式的成果，可以继续突破。线下咨询数量少，咨询技能提升慢，应增加线下咨询或视频咨询数量				是	1）完成 30 次整案咨询 2）公开出版职业转型图书 3）公开出版职业复盘图书 4）发布职业复盘课程 5）积累 20 个职业复盘案例
	通用能力	功能型技能	演讲能力提升不明显，影响个人品牌传播和线下活动开发，需要突破				是	完成 10 次公开演讲练习
		适应型技能	情绪管理和与人合作等方面的短板浮现出来，需要改善				是	掌握情绪 ABC 理论，提升情绪管理能力

续表

<table>
<tr><th colspan="10">职业复盘</th></tr>
<tr><th colspan="10">分析环节</th></tr>
<tr><th rowspan="2">四要素</th><th rowspan="2">关键维度</th><th colspan="2">透视分析</th><th colspan="3">职业转变分析</th><th colspan="2">改善分析（1 年）</th></tr>
<tr><th>方面</th><th>透视</th><th>结论</th><th>理由</th><th>战略目标</th><th>是否</th><th>具体目标</th></tr>
<tr><td rowspan="6">动机</td><td rowspan="3">职业兴趣</td><td>心流体验</td><td>设计新书及课程大纲时有心流体验，可以多做类似的事情，但需要找到合作伙伴来分担其他事务</td><td rowspan="6">继续当前工作</td><td rowspan="6">可以尽可能多地做我喜欢的事，自主地安排工作内容、时间和方式，实现自己亲手创造想要的生活的目的</td><td rowspan="6">成为行业内知名的职业规划师，有自己的生涯方法、咨询流程、品牌课程</td><td>否</td><td></td></tr>
<tr><td>突破体验</td><td>写职场故事类文章是一种突破，接下来准备多写这类文章。但写这类文章耗时多，得想办法化解这个矛盾</td><td>否</td><td></td></tr>
<tr><td>好奇体验</td><td>对视频号、付费文章、知乎直播、好物推荐等做了尝试，结果不好，还是要选择少数几个核心方向深耕突破</td><td>否</td><td></td></tr>
<tr><td rowspan="3">内在满足</td><td>成就需求</td><td>想建立自己的生涯方法论，但目前还没建立，下阶段重点突破</td><td>是</td><td>1）公开出版职业转型图书
2）公开出版职业复盘图书
3）完成 30 次整案咨询
4）完成 2 例转行辅导</td></tr>
<tr><td>归属需求</td><td>这方面的需求弱，暂时不用管</td><td>否</td><td></td></tr>
<tr><td>自主需求</td><td>2020 年重新调整了各项业务，有自主感</td><td>否</td><td></td></tr>
</table>

在收集具体目标时，不同的方面可能会有相同或相似的目标。比如我在项目经验和成就需求这两个方面，都有“完成 30 次整案咨询”这个具体目标。

如果你也遇到了类似情况，不必惊讶。二十二方面原本就是同一份工作的多个侧面，它们相互关联、相互影响，因而同时与一个目标发生联系是相当正常的现象。你保留一个目标，把多余的都删除掉就可以了。如果你不想在这一步删除重复的目标，而是到调整环节再合并相同的目标，也是可以的。

第三个环节：调整。

调整环节的第一步是汇总目标。

经过合并、虑重、融合升级等操作后，27 个目标变为 16 个，如下表所示。

职业复盘					
调整环节					
目标	优先级	关键步骤（行为）	时间节点	反馈系统	奖励
1. 公开出版职业转型图书					
2. 公开出版职业复盘图书					
3. 咨询收入增加 20%					

续表

职业复盘					
调整环节					
目标	优先级	关键步骤（行为）	时间节点	反馈系统	奖励
4. 课程收入增加 30%					
5. 知乎粉丝数量达 18 万					
6. 积累 20 个职业复盘案例					
7. 找到 1 位伙伴承接公众号的编辑发布工作					
8. 完成 2 例写书辅导					
9. 完成 2 例转行辅导					
10. 输出面向用户的生涯知识地图					
11. 链接 2 位职场 KOL					
12. 参加 5 个知乎官方项目					
13. 咨询引入教练技术，形成问题集合					
14. 输出 10 篇案例文章，提升案例写作能力					

续表

职业复盘					
调整环节					
目标	优先级	关键步骤（行为）	时间节点	反馈系统	奖励
15. 加入头马俱乐部，完成10次公开演讲练习					
16. 掌握情绪 ABC 理论					

调整环节的第二步是为目标设定优先级。

我定义了3个优先级：一级、二级、三级。一级最高，二级次之，三级最低。我为目标设定具体的优先级后，结果如下表所示。

职业复盘					
调整环节					
目标	优先级	关键步骤（行为）	时间节点	反馈系统	奖励
1. 公开出版职业转型图书	一级				
2. 公开出版职业复盘图书	一级				
3. 咨询收入增加 20%	一级				
4. 课程收入增加 30%	一级				

续表

职业复盘					
调整环节					
目标	优先级	关键步骤（行为）	时间节点	反馈系统	奖励
5. 知乎粉丝数量达 18 万	一级				
6. 积累 20 个职业复盘案例	一级				
7. 找到 1 位伙伴承接公众号的编辑发布工作	一级				
8. 完成 2 例写书辅导	二级				
9. 完成 2 例转行辅导	二级				
10. 输出面向用户的生涯知识地图	二级				
11. 链接 2 位职场 KOL	二级				
12. 参加 5 个知乎官方项目	二级				
13. 咨询引入教练技术，形成问题集合	三级				
14. 输出 10 篇案例文章，提升案例写作能力	三级				

续表

职业复盘					
调整环节					
目标	优先级	关键步骤（行为）	时间节点	反馈系统	奖励
15. 加入头马俱乐部，完成 10 次公开演讲练习	三级				
16. 掌握情绪 ABC 理论	三级				

将优先级高的目标统一放在前面是我的习惯。你可以根据自己的习惯，决定是否将目标按照优先级的高低排序。

调整环节的第三步是为目标制订行动方案。行动方案体现在调整表格中就是一系列的关键步骤（行为）。完成这一步后（我只明确了一级目标的行动方案）的结果如下。

职业复盘					
调整环节					
目标	优先级	关键步骤（行为）	时间节点	反馈系统	奖励
1. 公开出版职业转型图书	一级	确定细纲			
		写作书稿			
		配合出版社完成出版流程			
2. 公开出版职业复盘图书	一级	申请选题			
		确定细纲			
		写作书稿			
		配合出版社完成出版流程			
3. 咨询收入增加 20%	一级	每周 3 次知乎回答			
		朋友圈定期输出生涯知识			
		公众号输出 10 篇案例文章			
		完成 30 次整案咨询			

续表

职业复盘					
调整环节					
目标	优先级	关键步骤（行为）	时间节点	反馈系统	奖励
4. 课程收入增加 30%	一级	发布图书写作课程			
		发布一门生涯类课程			
		副业课程上线到程序员学院			
5. 知乎粉丝数量达 18 万	一级	每月 2 次深度回答，将回答推荐给知乎日报			
		每周 3 次知乎回答			
		在知乎想法上定期发布生涯知识			
		每月 2 次热榜问题回答			
		与职场、阅读、IT 领域的“大 V”互动			
		做 30 场知乎直播			
6. 积累 20 个职业复盘案例	一级	确定课程大纲			
		设计课程 PPT			
		完成课程录制			
		上线小鹅通			
		开发线上训练营			
		运营 2 期职业复盘线上训练营			
		开发线下工作坊			
		运营 1 期职业复盘线下工作坊			
7. 找到 1 位伙伴承接公众号的编辑发布工作	一级	梳理岗位工作职责			
		选择 3 个微信群发布消息			
		录用 1 位候选人			

调整环节的第四步是为关键步骤（行为）设定时间节点，结果如下。

职业复盘					
调整环节					
目标	优先级	关键步骤（行为）	时间节点	反馈系统	奖励
1. 公开出版职业转型图书	一级	确定细纲	2021 年 1 月 31 日		
		写作书稿	2021 年 4 月 30 日		
		配合出版社完成出版流程	2021 年 10 月 31 日		
2. 公开出版职业复盘图书	一级	申请选题	2021 年 1 月 31 日		
		确定细纲	2021 年 2 月 28 日		
		写作书稿	2021 年 6 月 30 日		
		配合出版社完成出版流程	2021 年 12 月 31 日		
3. 咨询收入增加 20%	一级	每周 3 次知乎回答	全年		
		朋友圈定期输出生涯知识	全年		
		公众号输出 10 篇案例文章	2021 年 12 月 31 日		
		完成 30 次整案咨询	2021 年 12 月 31 日		
4. 课程收入增加 30%	一级	发布图书写作课程	2021 年 10 月 20 日		
		发布一门生涯类课程	2021 年 11 月 30 日		
		副业课程上线到程序员学院	2021 年 8 月 30 日		

续表

职业复盘					
调整环节					
目标	优先级	关键步骤（行为）	时间节点	反馈系统	奖励
5. 知乎粉丝数量达18万	一级	每月2次深度回答，将回答推荐给知乎日报	全年		
		每周3次知乎回答	全年		
		在知乎想法上定期发布生涯知识	全年		
		每月2次热榜问题回答	全年		
		与职场、阅读、IT领域的“大V”互动	全年		
		做30场知乎直播	全年		
6. 积累20个职业复盘案例	一级	确定课程大纲	2021年9月30日		
		设计课程PPT	2021年10月20日		
		完成课程录制	2021年10月31日		
		上线小鹅通	2021年11月3日		
		开发线上训练营	2021年11月9日		
		运营2期职业复盘线上训练营	2021年12月31日		
		开发线下工作坊	2021年12月8日		
		运营1期职业复盘线下工作坊	2021年12月31日		
7. 找到1位伙伴承接公众号的编辑发布工作	一级	梳理岗位工作职责	2021年4月10日		
		选择3个微信群发布消息	2021年4月20日		
		录用1位候选人	2021年4月30日		

调整环节的第五步是建立反馈系统。我已经养成了每天撰写

成功日记、重要活动节点记录及复盘的习惯，加上各个平台的数据分析功能，基本就能够获取到每个目标的状态。这一步完成后的结果如下。

职业复盘					
调整环节					
目标	优先级	关键步骤（行为）	时间节点	反馈系统	奖励
1. 公开出版职业转型图书	一级	确定细纲	2021 年 1 月 31 日	出版流程	
		写作书稿	2021 年 4 月 30 日		
		配合出版社完成出版流程	2021 年 10 月 31 日		
2. 公开出版职业复盘图书	一级	申请选题	2021 年 1 月 31 日	出版流程	
		确定细纲	2021 年 2 月 28 日		
		写作书稿	2021 年 6 月 30 日		
		配合出版社完成出版流程	2021 年 12 月 31 日		
3. 咨询收入增加 20%	一级	每周 3 次知乎回答	全年	1）各平台的数据 2）收入统计	
		朋友圈定期输出生涯知识	全年		
		公众号输出 10 篇案例文章	2021 年 12 月 31 日		
		完成 30 次整案咨询	2021 年 12 月 31 日		
4. 课程收入增加 30%	一级	发布图书写作课程	2021 年 10 月 20 日	1）平台数据 2）收入统计	
		发布一门生涯类课程	2021 年 11 月 30 日		
		副业课程上线到程序员学院	2021 年 8 月 30 日		

续表

职业复盘					
调整环节					
目标	优先级	关键步骤（行为）	时间节点	反馈系统	奖励
5. 知乎粉丝数量达18万	一级	每月2次深度回答，将回答推荐给知乎日报	全年	1) 平台数据 2) 成功日记	
		每周3次知乎回答	全年		
		在知乎想法上定期发布生涯知识	全年		
		每月2次热榜问题回答	全年		
		与职场、阅读、IT领域的“大V”互动	全年		
		做30场知乎直播	全年		
6. 积累20个职业复盘案例	一级	确定课程大纲	2021年9月30日	1) 小鹅通数据 2) 线下活动记录	
		设计课程PPT	2021年10月20日		
		完成课程录制	2021年10月31日		
		上线小鹅通	2021年11月3日		
		开发线上训练营	2021年11月9日		
		运营2期职业复盘线上训练营	2021年12月31日		
		开发线下工作坊	2021年12月8日		
		运营1期职业复盘线下工作坊	2021年12月31日		
7. 找到1位伙伴承接公众号的编辑发布工作	一级	梳理岗位工作职责	2021年4月10日	工作记录	
		选择3个微信群发布消息	2021年4月20日		
		录用1位候选人	2021年4月30日		

调整环节的第六步是设定达标奖励。因为我比较享受写作、

开发课程、回答知乎问题、咨询等事情，所以这些过程本身自带奖励，我不用专门为每一项都设定奖励。因此，我只为一些自己认为具有里程碑意义的目标设定了外部奖励，结果如下。

职业复盘					
调整环节					
目标	优先级	关键步骤（行为）	时间节点	反馈系统	奖励
1. 公开出版职业转型图书	一级	确定细纲	2021 年 1 月 31 日	出版流程	
		写作书稿	2021 年 4 月 30 日		
		配合出版社完成出版流程	2021 年 10 月 31 日		
2. 公开出版职业复盘图书	一级	申请选题	2021 年 1 月 31 日	出版流程	
		确定细纲	2021 年 2 月 28 日		
		写作书稿	2021 年 6 月 30 日		
		配合出版社完成出版流程	2021 年 12 月 31 日		
3. 咨询收入增加 20%	一级	每周 3 次知乎回答	全年	1）各平台的数据 2）收入统计	
		朋友圈定期输出生涯知识	全年		
		公众号输出 10 篇案例文章	2021 年 12 月 31 日		
		完成 30 次整案咨询	2021 年 12 月 31 日		
4. 课程收入增加 30%	一级	发布图书写作课程	2021 年 10 月 20 日	1）平台数据 2）收入统计	
		发布一门生涯类课程	2021 年 11 月 30 日		
		副业课程上线到程序员学院	2021 年 8 月 30 日		

续表

职业复盘					
调整环节					
目标	优先级	关键步骤（行为）	时间节点	反馈系统	奖励
5. 知乎粉丝数量达18万	一级	每月2次深度回答，将回答推荐给知乎日报	全年	1) 平台数据 2) 成功日记	升级跑鞋
		每周3次知乎回答	全年		
		在知乎想法上定期发布生涯知识	全年		
		每月2次热榜问题回答	全年		
		与职场、阅读、IT领域的“大V”互动	全年		
		做30场知乎直播	全年		
6. 积累20个职业复盘案例	一级	确定课程大纲	2021年9月30日	1) 小鹅通数据 2) 线下活动记录	更换新款跑步手表
		设计课程PPT	2021年10月20日		
		完成课程录制	2021年10月31日		
		上线小鹅通	2021年11月3日		
		开发线上训练营	2021年11月9日		
		运营2期职业复盘线上训练营	2021年12月31日		
		开发线下工作坊	2021年12月8日		
		运营1期职业复盘线下工作坊	2021年12月31日		
7. 找到1位伙伴承接公众号的编辑发布工作	一级	梳理岗位工作职责	2021年4月10日	工作记录	
		选择3个微信群发布消息	2021年4月20日		
		录用1位候选人	2021年4月30日		

附录 2：
一套完整的职业复盘表格，从现在开始行动

请先选择一个时间段作为职业复盘周期，如最近半年、一年、两年。

将这个时段在职业发展八个关键维度上的预期目标和实际收获填入下表对应位置。注意，同一维度的预期目标和实际收获都可以有多个。

职业复盘			
回顾环节			
四要素	关键维度	预期目标	实际收获
价值	经济回报		
	职场地位		
资源	外部资源		
	个人资源		
能力	专业能力		
	通用能力		
动机	职业兴趣		
	内在满足		

请结合预期目标对每个关键维度进行满意度评估，将分数（1~10 分）填入下表“满意度”一列的单元格内。

职业复盘			
回顾环节			
四要素	关键维度	满意度	职业平衡轮
价值	经济回报		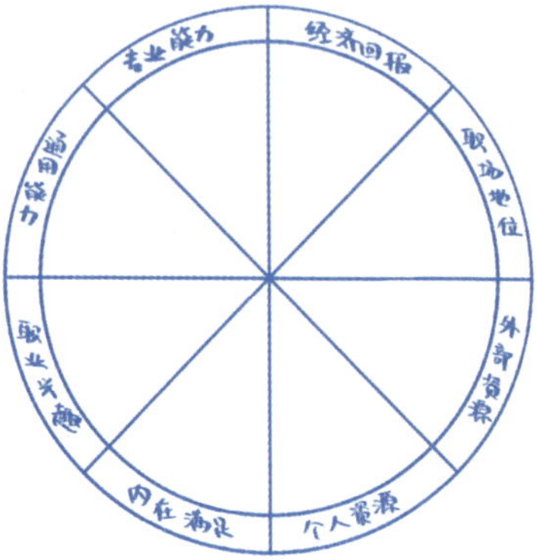
	职场地位		
资源	外部资源		
	个人资源		
能力	专业能力		
	通用能力		
动机	职业兴趣		
	内在满足		

完成满意度评估后，请将每个关键维度的得分填入职业平衡轮相应扇区靠近圆心的位置，然后最好用彩笔按比例由圆心向圆周涂色（涂满为 10 分）。

制作完职业平衡轮后，请远距离观察，试着描述你发现了什么。

请对你在每个关键维度取得的成效进行评价，并将其填入下表的相应位置。

职业复盘		
回顾环节		
四要素	**关键维度**	**成效评价**
价值	经济回报	
	职场地位	
资源	外部资源	
	个人资源	
能力	专业能力	
	通用能力	
动机	职业兴趣	
	内在满足	

请结合职业发展的二十二方面的含义，透视你在每个方面的情况，为每个方面写一段话，填入下面表格的相应位置。具体内容可以涵盖收获、不足、原因、评价、改善方向等。

职业复盘			
分析环节			
四要素	**关键维度**	**透视分析**	
		方面	**透视**
价值	经济回报	收入来源	
		收入数量	
	职场地位	职等职级	
		业务价值	

续表

职业复盘			
分析环节			
四要素	关键维度	透视分析	
		方面	透视
资源	外部资源	物资	
		信息	
		政策	
		成长资源	
	个人资源	人际关系	
		成果	
		品牌	
能力	专业能力	专业理论	
		专业技能	
		项目经验	
	通用能力	功能型技能	
		适应型技能	
动机	职业兴趣	心流体验	
		突破体验	
		好奇体验	
	内在满足	成就需求	
		归属需求	
		自主需求	

请结合第 3 章的职业转变分析流程，评估你正在复盘的这份工作接下来的发展方向，将结论、理由和战略目标填入下表的相应位置。

职业复盘					
分析环节					
四要素	关键维度	方面	职业转变分析		
			结论	理由	战略目标
价值	经济回报	收入来源			
		收入数量			
	职场地位	职等职级			
		业务价值			
资源	外部资源	物资			
		信息			
		政策			
		成长资源			
	个人资源	人际关系			
		成果			
		品牌			
能力	专业能力	专业理论			
		专业技能			
		项目经验			
	通用能力	功能型技能			
		适应型技能			
动机	职业兴趣	心流体验			
		突破体验			
		好奇体验			
	内在满足	成就需求			
		归属需求			
		自主需求			

请设想一个改善期限（半年、一年或更久），并将其填入下表“改善分析”那一栏的空位。然后结合刚刚明确的战略目标和二十二方面透视的结果，判断每个方面是否需要改善，并为需要改善的方面收集具体目标，将其填入下表的相应位置。

<table>
<tr><th colspan="5">职业复盘</th></tr>
<tr><th colspan="5">分析环节</th></tr>
<tr><th rowspan="2">四要素</th><th rowspan="2">关键维度</th><th rowspan="2">方面</th><th colspan="2">改善分析（期限：________）</th></tr>
<tr><th>是否</th><th>具体目标</th></tr>
<tr><td rowspan="4">价值</td><td rowspan="2">经济回报</td><td>收入来源</td><td></td><td></td></tr>
<tr><td>收入数量</td><td></td><td></td></tr>
<tr><td rowspan="2">职场地位</td><td>职等职级</td><td></td><td></td></tr>
<tr><td>业务价值</td><td></td><td></td></tr>
<tr><td rowspan="7">资源</td><td rowspan="4">外部资源</td><td>物资</td><td></td><td></td></tr>
<tr><td>信息</td><td></td><td></td></tr>
<tr><td>政策</td><td></td><td></td></tr>
<tr><td>成长资源</td><td></td><td></td></tr>
<tr><td rowspan="3">个人资源</td><td>人际关系</td><td></td><td></td></tr>
<tr><td>成果</td><td></td><td></td></tr>
<tr><td>品牌</td><td></td><td></td></tr>
<tr><td rowspan="5">能力</td><td rowspan="3">专业能力</td><td>专业理论</td><td></td><td></td></tr>
<tr><td>专业技能</td><td></td><td></td></tr>
<tr><td>项目经验</td><td></td><td></td></tr>
<tr><td rowspan="2">通用能力</td><td>功能型技能</td><td></td><td></td></tr>
<tr><td>适应型技能</td><td></td><td></td></tr>
<tr><td rowspan="3">动机</td><td rowspan="3">职业兴趣</td><td>心流体验</td><td></td><td></td></tr>
<tr><td>突破体验</td><td></td><td></td></tr>
<tr><td>好奇体验</td><td></td><td></td></tr>
</table>

续表

职业复盘				
分析环节				
四要素	关键维度	方面	改善分析（期限：__________）	
			是否	具体目标
动机	内在满足	成就需求		
		归属需求		
		自主需求		

说明：“具体目标”一栏的每个单元格内可填写多个想完成的目标，或者为了达成同一目的的多种待选择策略。

请参考第 4 章对分析环节收集到的具体目标进行汇总，将结果填入下表“目标”一栏下的相应位置。注意，每个单元格填写一个目标，如果预留表格数量不够，请使用续表。

职业复盘					
调整环节					
目标	优先级	关键步骤（行为）	时间节点	反馈系统	奖励

针对每个目标，完成设定优先级、分解关键步骤（行为）、

设定时间节点、构想反馈系统、设定达标奖励等操作，将相应信息填入上表的相应位置。

说明： 每个目标通常会分解出多个关键步骤（行为），请一并填写到一个单元格内，且每个关键步骤（行为）都另起新行填写，方便为每个关键步骤（行为）设置时间节点。

职业复盘					
调整环节					
目标	优先级	关键步骤（行为）	时间节点	反馈系统	奖励